RÉGIME SENSUEL

POLICE DES MŒURS N° 171

SÉRIE « POLICE DES MŒURS »

* titres épuisés

* 1. Jeux de dames à Copenhague
* 2. Ces dames au casse-pipe
* 3. La Chasse aux femmes
* 4. Les Madones de Barcelone
* 5. Les Nymphes de Saint-Germain
* 6. La Demoiselle d'Orléans
* 7. Les Filles de Barbe-Bleue
* 8. Les Sirènes de l'Opéra
* 9. Les Femmes du gourou
* 10. Les Esclaves du dragon
* 11. Le Jardin des délices
* 12. La Foire aux filles
* 13. Les Diablesses de Soho
* 14. L'Étrangleur de ces dames
* 15. Les Anges du commissaire
* 16. Les Biches de Pattaya
* 17.Les Amazones du bois de Boulogne
* 18. La Vénus de Venise
* 19. Les Loups du Rhin
* 20. La Tigresse de Malte
* 21. Les Dames de compagnie
* 22. Le Vampire des Antilles
* 23. La Papesse de Zurich
* 24. La Diabolique de Bruges
* 25. La Tueuse de Hong Kong
* 26. Les Femmes fatales
* 27. Demoiselles de la clé
* 28. La Call-girl des Halles
* 29. Les Filles de l'Organisation
* 30. Les Débauchées de Hollywood
* 31. Les Innocentes pour un massacre
* 32. La Perverse de Vienne
* 33. Les Scandaleuses de Singapour
* 34. Les Innocentes aux mains pleines
* 35. Les Pécheresses des Saintes
* 36. Les Jeunes Perverses
* 37. Le Salon des dames perdues
* 38. Les Pouliches d'Arabie
* 39. L'Experte volage
* 40. L'Allumeuse des jackpots
* 41. Les Filles indignes
* 42. La Dame à la came
* 43. Jeunes proies pour loup-garou
* 44. La Dame de Birmanie

45. Les Sirènes du Vieux-Port

* 46. Les Magiciennes de Rome
* 47. Les Petites Gourmandes
* 48. Les Dames de la nuit
* 49. La Prêtresse aux seins nus
* 50. Les Novices de Kalgaï
* 51. La Rousse de Dublin
* 52. La Vallée des Sataniques
* 53. Les Démones de minuit
* 54. Les Vengeuses
* 55. Les Damnées de Caracas
* 56. La Flic
* 57. Les Exaltées de Colombo
* 58. Les Amazones de Bavière
* 59. La Débutante
* 60. Les Panthères du trottoir
* 61. Les Tueuses
* 62. Les Excitées de Manhattan
* 63. La Stripteaseuse
* 64. La Chienne d'Istanbul
* 65. Profession call-girl
* 66. Les Dingues du Hainaut
* 67. Les Délices de Chinatown
* 68. La Belle de la Mafia
* 69. Les Reines de la nuit
* 70. La Petite Sournoise
* 71. Les Belles Insolentes
* 72. Les Nuits de Los Angeles
* 73. La Vie secrète d'Eva Norge
* 74. Les Chimères du crépuscule
* 75. L'Envers des choses
* 76. Les Traîtresses
* 77. Un si étrange plaisir
* 78. La Femme possédée
* 79. Les Initiés
* 80. L'Insaisissable
* 81. La Femme de l'ombre
* 82. Le Cri de la baleine
* 83. La Vérité sur Isabelle Aprieux
* 84. Medellin blues

* 85. La Passante du crépuscule
* 86. L'Autre Côté de rien
* 87. Enquête réservée
* 88. Aucune femme n'est parfaite
* 89. Enquête sur un canard boiteux
* 90. La Nuit russe
* 91. Un monde à part
* 92. Un homme et des femmes
* 93. Un été seulement
* 94. Un certain soir
* 95. Le Périscope rouge
* 96. Mourir à Paris
* 97. Dame de lune
* 98. Un pourri comme les autres
* 99. La Dernière Partie
* 100. Terreurs d'Asie
* 101. Paradis noir
* 102. Parties mortelles
* 103. Venue de Thailande
* 104. Rue chaude
* 105. Un monde si cruel
* 106. Un si joli piège
* 107. Les Neuf Sueurs
* 108. Poupée de sang
* 109. Une si docile interprète
* 110. Vente au détail
* 111. Le Rapt de Sophie
* 112. Fausse sortie
* 113. Chaleurs corréziennes
* 114. Alerte à la blonde
* 115. Sexe, atome et vidéo
* 116. Le Prix de l'argent
* 117. L'Envers du jeu
* 118. La Fille de Bangkok
* 119. La Mort au bout de la nuit
* 120. Présumé coupable
* 121. Les Guerrières de la Sangha
* 122. La Clandestine
* 123. Le Grain exquis de sa peau
* 124. L'Effaceuse
* 125. La Mort au pair
* 126. Cellule de mort
* 127. Les Yeux de brume
* 128. Une fatale innocence
* 129. Les Doigts de velours
* 130. Les Louves de Vassivière
* 131. Bonnie and Fly
* 132. La Captive de Brocéliande
* 133. La Sirène des calanques
* 134. La Belle et l'Athlète
* 135. Les Vestales de l'Apocalypse
* 136. La Petite Marchande d'amulettes
* 137. Les Geôliers de Dieu
* 138. La Guerre des blondes
* 139. Le Sourire des Madones
* 140. Le Panthéon des Muses

141. La Bombe de Noël
142. La Position du chapeau chinois
143. Les Trois Orphelines
144. La Bouc émissaire
145. Le Sentier des demoiselles
146. Lovita
147. La Croqueuse de chrysanthème
148. L'Auto-stoppeuse
149. Fleur de bitume
150. La sauvageonne
151. La valse des patineuses
152. Contrat pour l'éternité
153. L'Amante religieuse
154. À l'ombre des filles en pleurs
155. Tectonique des plates
156. La croisière s'abuse
157. La fiancée du déluge
158. Chaste aux trésors
159. Le denier du cul
160. La rescapée
161. Mergitur
162. La Fille au père
163. Strip poker
164. La Plombière
165. La Baby-sitter
166. La Langue au chat
167. En mai je fais ce qu'il te plait
168. Sous les poupées la plage
169. Les Vendangeuses
170. La Convoyeuse

PIERRE LUCAS

RÉGIME SENSUEL

POLICE DES MŒURS

VAUVENARGUES

ISBN : 2-7443-1169-3

CHAPITRE PREMIER

21 septembre, début d'après-midi.

– Mais non, tu n'es pas boulotte.

– Si, et je le prouve. Regarde, là. C'est limite pendouille, non ? Et là. C'est plus des poignées d'amour, que j'ai, c'est des harnais de sécurité pour amant en perdition !

– Moi, j'appelle ça de l'obsession à la sauce mauvaise foi. Tu respires la santé et tu es tout juste bien en chair. Vraiment un tout petit peu bien en chair. Bon sang, Jéromine, personne n'est obligé de ressembler à la couverture d'un magazine sponsorisé par une marque de haricots verts pour se sentir à l'aise dans sa peau. Tu souffres d'auto-terrorisme sous perfusion médiatique, voilà tout. Un minimum de libre arbitre et de lucidité, c'est quand même pas la mer à boire.

– C'est pas la question. Je me rends bien compte que depuis que j'ai pris, les mecs ne me matent plus autant qu'avant. Et tu connais ma faiblesse : faut que je plaise, tout le temps, sinon j'ai l'impression d'être un numéro dans une foule de mochetés. J'ai encore pu le vérifier hier soir : je suis allée boire un café dans un bar de lesbiennes du Marais, et aucune fille n'a eu un regard pour moi. C'est comme si j'étais transparente.

– Conclusion abusive, ma chère. Pour elles, tu n'étais pas une proie potentielle, c'est tout. Question de phéromones qui manquaient à l'appel.

– C'est toi qui conclus abusivement. Tu sais très bien qu'à l'occasion, une fois bourrée, je n'ai rien contre une petite léchouille dans le minou et que parfois, même, je rends la monnaie.

– Ouais mais là tu étais à jeun, alors les clientes n'avaient rien à espérer de ton côté.

– Et comment tu peux le savoir, que j'étais à jeun ?

– Parce que j'y étais moi aussi, au troquet, banane, et que de toute façon quand t'as déjà commencé à picoler, c'est pas un café que tu commandes, c'est une double vodka orange avec une soucoupe de cacahuètes.

– Mouais, admettons, consentit Jéromine qui décida que poursuivre cette conversation avec son reflet ne conduirait strictement nulle part, comme d'habitude : jamais son double n'était d'accord avec elle, quel que soit le sujet du débat, et côté mauvaise foi, c'était le four qui se moquait du micro-ondes.

Elle réduisit donc son interlocutrice à ce qu'elle

était vraiment : l'image d'un très joli corps nu de vingt-deux ans qui avait pris six kilos en moins de trois mois pour cause de grignotage intempestif lié au fait qu'elle avait arrêté de fumer. Stopper les barres chocolatées, elle en était consciente, c'était replonger immédiatement dans la clope. Il fallait donc tenter autre chose, et urgemment.

« Mais peut-être qu'elle n'a pas tout à fait tort, finalement, se dit-elle cette fois *in petto*. J'ai juste un peu pris des formes. Avant, j'étais carrément maigre, faut bien l'avouer. Et puis les mecs, ils sont beaucoup moins influencés par les canons de la mode que les filles. Pour frimer en ville, d'accord, ils aiment bien se balader avec un fil de fer au bras, mais pour ce qui est de passer au lit, là, ils préfèrent nettement avoir ce qu'il faut où il faut pour tripoter tout leur saoul. »

Et ce pensant, elle se tripotait devant sa glace, justement. D'abord les seins, qui, loin de pendouiller, l'avaient simplement obligée à grimper d'une taille dans les bonnets. C'était ferme, tout ça, et bien accroché. Rien à voir avec l'avalanche mammaire intempestive et prématurée.

« Mmmmm... » gémit-elle, à cause de ses tétons subitement volumineux pour cause de malaxage un peu trop prononcé.

Jéromine les abandonna à leur soif inassouvie pour s'explorer les hanches et le ventre une fois de plus.

Elles étaient appétissantes, après tout, ses poignées

d'amour tout en souplesse satinée. Et le petit galbe au-dessus de sa toison pubienne, rien à voir avec du carrément bedonnant. Il restait pas mal de marge avant de crier au cataclysme.

Elle serra les cuisses — même pas grasses, tout juste un peu rondes — car de ce côté-là aussi, ça prenait la même tournure qu'au niveau tétons, et tenta de se calmer les élans en se disant que certes, la situation était encore loin d'être désespérée, mais que ce n'était pas une raison pour repousser aux calendes des mesures de prévention dont elle ne pourrait que se féliciter plus tard.

D'ailleurs ça sonnait à l'interphone.

À cette heure-ci, c'était forcément son rendez-vous.

Elle enfila un peignoir et quitta la salle de bains.

CHAPITRE II

Jéromine resserra machinalement le décolleté de son peignoir.

– Je... je croyais que vous viendriez... seule.

Le « rendez-vous » — une femme d'une trentaine d'années superbement moulée dans un ensemble cuir à minijupe de surcroît fendue de chaque côté — esquissa un sourire en tournant légèrement la tête vers le jeune afro rasta qui l'accompagnait.

– Jérôme est un stagiaire qui apprend le métier, expliqua-t-elle. C'est marrant, d'ailleurs : Jérôme et Jéromine. Vous êtes faits pour vous entendre.

Le type n'avait pas l'air spécialement convaincu : il dansait d'un pied sur l'autre, aussi à l'aise qu'un camionneur dans une réunion Tupperware.

– Mais, madame... insista Jéromine, votre appareil miracle, je suppose que vous êtes là pour me le faire essayer. Devant un homme, quand même, je ne sais pas si...

– Appelez-moi Florence, s'il vous plaît. « Madame », je n'aime pas du tout. Quand vous avez besoin d'un médecin, vous vous posez des questions sur son sexe ?

– Non, bien sûr. Mais c'est pas pareil.

– Si, c'est pareil, trancha la prénommée Florence qui déposa sa valise sur le clic-clac. Bon, trêve de minauderies : enlevez-moi ce peignoir, que je puisse faire l'inventaire des dégâts.

– C'est que je suis toute nue en dessous, précisa Jéromine.

Florence arbora une mimique agacée.

– Au cas où vous en douteriez, ce sera plus pratique pour ce que nous avons à faire.

– Bon, bon, d'accord, capitula Jéromine.

Et elle dénoua la ceinture du peignoir qui glissa de lui-même sur ses chevilles. Florence se déhancha, l'œil évaluateur, la mine perplexe, le menton au creux des doigts de sa main droite.

– A priori, estima-t-elle après quelques secondes d'examen visuel, c'est un chantier tout à fait envisageable, voire prometteur. Approchez-vous un peu, que je confirme au toucher.

Le jeune rasta, lui, ne savait plus où se mettre : il tentait désespérément de masquer de ses mains jointes la bosse intempestive qui soulevait la braguette de son jean baggy pourtant aussi ample qu'une cape Édépée (selon les initiés, la marque 100 % hexagonale nouvellement déposée à l'INPI[1] promettait de faire fureur sur les épaules de l'hiver branché à venir, tous sexes confondus)...

Jéromine avait le désagréable sentiment d'être reléguée au rang de reproductrice auscultée par une éventuelle acheteuse sur un stand de foire aux bestiaux. Et paradoxalement, les doigts experts de Florence un peu partout sur son corps nu avaient une indéniable tendance à réveiller les élans initiés quelques minutes plus tôt devant son miroir par ses propres mains.

Elle se prit une fois de plus à regretter que la vie ne fût pas aussi simple qu'elle pourrait l'être, bien tranchée entre le noir et le blanc, cochez la case idoine et n'y revenez plus. Le problème de Jéromine, depuis sa plus tendre enfance, c'était de s'y retrouver parmi toutes les nuances intermédiaires. Aussi loin que remontait sa mémoire, elle ne se rappelait pas avoir su trancher entre deux options, au grand dam de sa mère qui, quant à elle, jouissait d'un caractère bien trempé qui ne s'encombrait jamais de la moindre tergiversation.

– C'est bien ce que je pensais de prime abord, conclut Florence : votre cas n'a rien de délicat. En quelques séances, vous retrouverez votre silhouette de mannequin. Vous n'aurez même pas à acheter

1. Institut National de la Propriété Industrielle.

l'appareil. Une location sur un mois et demi – disons deux mois pour être large – suffira amplement. Êtes-vous d'accord avec moi, Jérôme ? Tâtez, bon sang. Comment voulez-vous apprendre quoi que ce soit si vous restez planté là comme une âme en peine !

– Je vous crois sur parole, essaya de se défiler le jeune Black qui avait autant l'air de vouloir faire carrière dans la location-vente de matériel de remise en forme(s) que de postuler à un emploi de soliste à l'Opéra de Ouagadougou.

– Tâtez, vous dis-je !

Contre mauvaise fortune bon cœur, Jérôme tâta donc fugacement, au niveau du ventre de Jéromine qui ne put s'empêcher de laisser échapper un petit cri tant cette zone de son anatomie était soudain beaucoup plus innervée qu'elle ne l'aurait jamais soupçonné.

– À la bonne heure ! s'enthousiasma Florence. Déballons donc le matos, puisque vous voilà prête pour notre petite séance d'essai.

CHAPITRE III

Selon les savantes explications de Florence qui visaient à éclairer les yeux de Jéromine, pour l'instant en forme de points d'interrogation, le système révolutionnaire sobrement baptisé *Corps de rêve* se composait :

– de trois ceintures élasto-vibro-actives qu'on pouvait disposer séparément ou simultanément sur la ou les parties du corps à traiter ;

– d'un transfo-modulo-synthétiseur de fréquences branché directement sur secteur par le câble idoine, auquel on reliait les ceintures par d'autres câbles ;

– d'un clavier de programmation à écran LCD incorporé et disque dur intégré, qui communiquait avec le synthétiseur par infrarouges ;

– d'un ultime composant que Florence préférait ne pas déballer prématurément, car son usage facultatif était subordonné au taux de réactivité de la patiente au processus basique (en deçà d'un seuil minimal, on évitait de s'en servir ; au-delà d'un seuil maximal, ce n'était pas nécessaire ; son utilité intervenait entre les deux).

– Vous me dites si nous sommes sur la même longueur d'ondes, proposa Florence : une mise à contribution simultanée des trois ceintures me semble indiquée, au niveau des hanches, de l'abdomen et de la poitrine.

Jéromine manifesta son adhésion au diagnostic d'un hochement de tête.

– Bien. Allongez-vous (elle désignait le clic-clac du studio, resté en position couchage). Je m'occupe de vous harnacher pendant que Jérôme cherche une prise pour brancher le synthé.

Celui-ci, fiche en main, en dénicha une qui était libre entre une pile de CD à même le parquet et une plante autrefois verte en voie de décès pour cause de déshydratation avancée.

Jéromine s'allongea, avec appréhension.

Florence lui scratcha la première ceinture autour des seins, non sans lui avoir préalablement titillé le téton gauche du gras du pouce en pouffant doucement, sans doute pour la mettre à l'aise. Puis ce fut le tour des deux autres ceintures, mais cette fois sans dérapage digital à connotation sexuelle de la part de la praticienne.

– Bon, voilà. Plus qu'à envoyer le jus, le programme standard est déjà en mémoire. Sachez, Jéromine, que ce type d'appareil fonctionne grosso modo sur le principe du micro-ondes, mais évidemment sans les effets de cuisson qui en l'occurrence seraient indésirables. Pour faire simple sans jargonner, disons que les molécules de graisse surnuméraires sont agitées à très haute fréquence, donc s'entrechoquent, et donc dégagent de la chaleur, ce qui provoque une sudation aquo-adipeuse immédiatement absorbée par le revêtement intérieur des ceintures, qu'il faut changer à chaque nouvelle utilisation. De plus, le massage induit par un autre type d'ondes ultracourtes génère un raffermissement des tissus musculaires qui ne nuit jamais à l'agrément de la silhouette, vous en conviendrez.

Jéromine abonda d'un battement de cils.

– Je vous ai gardé le meilleur pour la fin, poursuivit la démonstratrice. Dans environ 65 % des cas, il y a... émotion sexuelle collatérale, si j'ose dire. Et pour deux tiers des clientes réceptives à cet aspect du traitement, l'orgasme intervient avant la fin de la séance. Pour celles qui n'y parviennent pas, ce qui nuit à la qualité de la prestation, il y a l'accessoire que je n'ai pas encore déballé. Nous verrons en temps utile si ça s'impose pour vous. Prête ?

– Mais... objecta Jéromine. Je n'ai rien contre, moi. Mais il est là, lui. Si je fais partie des 65 %, il va me voir... jouir.

– Et alors ?

– Ben...

– Vous êtes désolante, Jéromine. Un stagiaire, rien de plus. De toute façon, s'il persévère dans le métier, il en verra d'autres. Vous avez branché, Jérôme ?

Le garçon acquiesça, sachant moins que jamais où se mettre ni comment masquer son érection forcenée.

– C'est parti ! fit Florence en enfonçant la touche « enter » du clavier à infrarouges.

Jéromine, crispée et la respiration bloquée, s'attendait au pire, mais rien ne venait, sinon une toute petite sensation de chaleur vibratoire, à peine perceptible, à l'intérieur du ventre et derrière les tétons.

Mais, très vite...

– Ouffffff, feula-t-elle. Putain de putain !... Oh oui putain !...

En quelques minutes, elle cessa de s'appartenir, emportée dans un maelström incandescent qui lui ravageait les entrailles d'un désir sans nom.

CHAPITRE IV

– Ouah c'est de la bombe ! Putain oh oui ça déménage ! Il est trop génial votre appareil. Merde je vais jouir... Tourne-toi, toi !

L'ordre sans appel de Jéromine s'adressait à Jérôme, qui allait s'exécuter quand Florence, d'une main autoritaire sur l'avant-bras, l'en empêcha et l'obligea à profiter du spectacle.

Plus que jamais raide comme un concombre surgelé, le garçon ne se fit finalement pas prier pour se gaver les yeux du corps de Jéromine se tortillant telle une anguille en chaleur sur le clic-clac. Elle secouait la tête, cheveux épars, pupilles dilatées. Elle balayait le canapé-lit de ses bras en essuie-glaces, doigts alternativement étirés et recroquevillés au rythme des pulsations anarchiques de son plaisir.

– Ouaaaaaahhhhhiiiiiii ! ! !

Elle venait de tressauter, ravagée par un premier orgasme, cuisses ouvertes, genoux repliés, les orteils en délire.

– Foutez-moi l'autre accessoire, merde ! gueula-t-elle. Je suis pas conne, je sais très bien ce que c'est.

– Vous êtes sûre ? s'enquit Florence. Vous êtes déjà largement au-dessus du seuil maximal.

– Ouais je veux ! Jamais joui comme ça, moi, mais me manque un truc dans la chatte pour profiter total. Foutez-le-moi, putain !

Jéromine continuait de se trémousser sous les assauts du plaisir. Tellement chaude qu'il ne lui venait plus du tout à l'idée de se préoccuper de la présence d'un mâle dans son environnement immédiat pour mater la formidable débauche de ses hormones.

– Bon, bon, OK, conclut Florence en déballant l'énorme gode à triple articulation giratoire, prolongé lui aussi d'un câble et d'une fiche qu'elle enfonça dans la prise appropriée sur le côté droit du synthé. Vous ne préférez pas que je vous le fourre dans le cul ? Certaines clientes en sont friandes.

– Non, dans la chatte ! insista Jéromine. Viiiite !...

– Vous l'aurez voulu. Je vous préviens : les effets conjugués sont redoutables.

Et Florence introduit sans précaution particulière le gland du gode entre les lèvres du sexe de sa patiente, qui ruisselait tellement de jus intime qu'aucune lubrification n'était nécessaire malgré le calibre monumental de l'artefact.

D'une pression de la paume, elle enfourna les neuf dixièmes de l'engin à fond de cale et pianota sur le clavier de commandes.

– Réflexion faite, je vous le mets carrément en position 4, prévint-elle. Vous avez de belles dispositions, à mon avis vous êtes capable de supporter.

– Mûûûûûûûû ! ! ! réagit Jéromine en s'arc-boutant sur le clic-clac, tétanisée par un nouvel orgasme titanesque qui faisait trembler ses lèvres retroussées sur ses dents qui claquaient telles des castagnettes survoltées.

– Pfffff, c'est dément, commenta Jérôme qui, main droite dans la poche de son baggy, tentait en vain de contenir l'expansion de sa bite au comble de la bandaison.

– Je ne te le fais pas dire, répondit Florence. Fais voir comme t'es monté. Avec ces futes qui pourraient héberger une famille nombreuse, on n'arrive jamais à se rendre compte.

Et sans autre forme de procès, elle déboutonna le jean qui chut sur les chevilles du garçon par la seule action de la pesanteur, aida le caleçon à suivre le même chemin et attrapa le membre palpitant d'une main droite qui parvint à peine à cercler un gros tiers de la longueur de la hampe, tant les mensurations de l'objet étaient phénoménales.

Jérôme contempla son gland qui dépassait de l'anneau des doigts, perplexe mais prêt à tout pour en finir avec sa torture intime.

– Tu veux que je te branle sur elle pour lui en foutre

partout ? proposa Florence.

– Ben, pourquoi pas ?

– Mais avant, je vais te sucer un peu, si tu veux bien.

– J'ai rien contre.

– Ce serait peut-être mieux que je me déshabille moi aussi, non ? Je suis largement aussi bien foutue que cette greluche, tu sais.

– J'avais déjà remarqué. C'est comme vous voulez...

Finalement, une fois nue, Florence escalada le clic-clac à son tour et tira Jérôme par la bite pour qu'il y grimpe lui aussi.

Elle s'installa à califourchon au-dessus du visage de Jéromine qui ne parut pas y voir le moindre inconvénient puisque, tout en continuant à prendre son pied en rafale sous les assauts vibratoires du gode et des ceintures magiques, elle plongea loin sa langue au cœur du sexe offert et la retira bientôt, non pas pour reprendre sa respiration mais pour titiller le clito de la démonstratrice à petits coups frénétiques qui ne tardèrent pas à produire leur effet dévastateur : Florence, qui elle aussi jouissait d'une belle nature, explosa en seulement quelques secondes de ce manège lingual sur sa perle intime et, perturbée par l'orgasme, elle serra un peu fort de la main et des lèvres autour du gland de Jérôme qui, debout les pieds de part et d'autre des hanches ondulantes de Jéromine, éjacula prestement et sans sommations en rugissant tel un fauve enrhumé.

– Ben dis donc, t'es un rapide, toi ! fit-elle après avoir avalé le plus gros de ce qu'elle pouvait (la livraison était si généreuse qu'une notable partie du sperme avait débordé pour lui dégouliner entre les seins).

– Ouais je sais, admit Jérôme. Le premier coup c'est toujours comme ça. Par contre, je débande jamais avant la troisième décharge, ça laisse de la marge.

– On ne dit pas « par contre » mais « en revanche », corrigea Florence qui avait des lettres. Tu es sûr de ce que tu avances, là ? Des vantards, j'en ai connu beaucoup trop.

– Je débande, là, peut-être ? s'insurgea Jérôme.

– Non, avoua Florence.

– Alors branle-moi comme tu le disais tout à l'heure, que je lui inonde la carcasse, à cette pouffe.

– Vous pourriez faire preuve d'un peu plus de respect pour une partenaire de jeu, jeune homme, s'indigna Florence.

– Je disais juste ça parce qu'avant d'être branchée, elle faisait sa mijaurée, et que maintenant elle s'oublie tellement qu'elle sait même plus qui est là ou pas là. J'aime pas les esprits contradictoires. Bon, tu me branles, ou tu me branles pas ?

– Deux secondes, s'il te plaît. Juste le temps de... Mmmmouiiiiii ! ! ! Putain, elle lèche comme une chienne, cette radasse.

– Cette fois c'est toi qui es incorrecte, nota Jérôme.

– Ferme-la et concentre-toi sur ta queue, lui conseilla Florence en récupérant ses esprits. Une branlette pareille, jamais t'as eu l'occase.

Elle se mit à astiquer l'énorme bite dans tous les sens en tripotant de l'autre main les couilles sous-jacentes. Gland décalotté grand vent version coucou c'est moi, puis prestement recouvert et coucou c'est encore moi. Changements de rythme et d'amplitude. Alternance d'emprises maximales et de poignes plus floues. Du grand art.

Elle compléta la prestation par une cravate de notaire de la plus belle tradition.

– Tu veux peut-être que je te branle entre ses seins à elle ? proposa-t-elle.

– J'ai rien contre a priori, mais avec ce machin autour de ses nichons, je le sens pas trop, tu vois.

– Pas grave, je vais l'enlever. Deux ceintures plus le gode, ça suffit amplement à son bonheur, comme tu peux le constater par toi-même.

En effet, Jéromine devait en être à son douze ou treizième orgasme au bas mot, et ça ne prenait pas le chemin de s'en tenir là.

Florence lui retira la ceinture mammaire et lui

glissa deux gros coussins sous les épaules pour faciliter l'opération envisagée. Les tétons aussi gonflés que du chasselas transgénique semblaient tout prêts à encadrer un invité imprévu.

Jérôme s'assit sur le ventre en sueur, juste au-dessus de la seconde ceinture, et Florence lui engouffra la bite entre les seins nappés de sueur de Jéromine, laquelle les resserra de sa propre initiative de part et d'autre du gland monstrueux d'une double pression de ses paumes trépidantes.

Il restait largement assez de longueur pour que Florence pût continuer de branler tout son saoul, et elle branla donc, avec une belle ardeur.

Splaaasshhh!!!

La giclée de foutre quasi aussi abondante que la première flagella la gorge et le dessous du menton de Jéromine pour se disperser parmi ses cheveux.

– Va y en avoir une autre! prévint Jérôme. Serre, merde, serre!

Jéromine comprit: une éjaculation est toujours plus jouissive en milieu fermé. Elle creusa son ventre et regroupa ses seins de manière à offrir avec leur base une niche idoine au gland juteux.

– Rhaaaaa! Nom de Dieu!

Le sperme éclaboussa les parois de la niche, gicla tout autour, dégoulina partout sur le buste de la perspicace.

– J'ai entendu que tu débandais jamais avant le

troisième coup, rappela-t-elle. Encule-moi, s'il te plaît. Le gode dans ma chatte et ta bite dans mon cul, ça va être top de chez Top !

Serviable, Jérôme la retourna comme une crêpe, lui écarta les fesses et s'enfonça d'un seul élan au cœur des sphincters frémissants.

– Meueueueuhhh ! beugla la comblée.

Florence, elle, avait délaissé la partie fine pour aller de nouveau pianoter sur le clavier.

Quand, quelques minutes plus tard, dûment rhabillée mais sans sa valise, elle sortit sur le palier et referma la porte derrière elle, une intense odeur de viande grillée l'accompagna jusqu'à l'ascenseur.

CHAPITRE V

28 novembre, 8 h 25 du matin.

– T'en penses quoi ? s'enquit le lieutenant Sophie Leclerc en virevoltant sous sa cape toute neuve, achetée la veille dans une boutique des Halles normalement fermée le dimanche, mais qui avait exceptionnellement ouvert dans le cadre du lancement de la marque. Ça en jette, non ?

– C'est une Édépée ? supputa son coéquipier Alexandre Gribovitch en trempant sa dernière bouchée de croissant décongelé dans son café, sur la table de la cuisine commune de leur maison en copropriété de la rue Saturnin-Bernache, quartier Bastille, XIe arrondissement de Paris.

– Évidemment. Depuis le temps qu'ils annoncent la commercialisation, je me suis jetée dessus, tu penses bien.

– Alors j'en dis que tu es une fashion victime

comme toutes celles qui se sont fait avoir bille en tête par ce matraquage publicitaire éhonté, et que de ta part, ça me surprend un peu.

– Toutes celles et ceux, rectifia Sophie. Je te rappelle que les capes Édépée sont unisexe. D'ailleurs tu devrais essayer, je suis sûre que ça t'irait, avec ta longue carcasse de Don Quichotte à la manque. Y a que la couleur du logo sur le rabat du col qui change : rose pour les filles, bleu pour les garçons.

– Comme c'est original, persifla Gribovitch en allumant une Gitane blonde.

– Bon, s'impatienta Sophie, tu me le dis, si ça me donne de l'allure ?

– Indéniablement. Tu ressembles à Zorette. Te manque que le chapeau, le masque, le cheval et l'épée. Mais comme celle-ci est déjà intégrée au nom de la marque... Fais-moi penser à t'acheter les autres accessoires au magasin de déguisements du quartier. Le canasson, tu devras t'en passer, vu qu'on a banni les véhicules individuels au profit des transports en commun.

Sidérée par autant de mauvaise volonté, Sophie zappa sur un autre sujet.

– Faut qu'on s'affole un peu, signala-t-elle. Sinon Griffon va nous incendier.

CHAPITRE VI

Gribovitch frisait la consternation absolue. Entre Bastille et Châtelet, il avait dénombré pas moins de douze capes Édépée dans la voiture du métro, dont trois portées par des hommes. À la station Châtelet en changeant de ligne, il avait renoncé à compter tellement ça drapait de partout. Bref espoir jusqu'à Cité : pas l'ombre d'une dans le wagon bondé. Mais une fois franchi le seuil des locaux de la rue de Lutèce, le pompon : sur le dossier de la chaise de Karine – l'explosive réceptionniste d'ordinaire plus encline, quelle que soit la saison, à exposer ses appas à tout vent qu'à les dissimuler sous deux mètres carrés de toile brunâtre –, *sa* cape perso, soigneusement pliée et amoureusement couvée des yeux, qui déclencha un sourire de connivence entre la jeune femme et Sophie Leclerc.

Ne manquaient plus qu'Anne Baroux et Griffon pareillement déguisés pour parfaire le délire.

Gribovitch soupira de soulagement : son autre collègue féminine avait accroché son haut de tailleur habituel au portemanteau collectif, et le patron des Affaires Spéciales, qui invitait d'un signe impatient les nouveaux venus à le rejoindre dans son bureau, portait son éternel costume gris dont l'épaisse veste de tweed ne pouvait guère s'accommoder d'une couche supplémentaire, même par grand froid.

D'un geste, Alex signala qu'il s'attardait deux minutes à la machine à café, comme chaque matin – hors de question de prétendre emporter son gobelet avec lui, Griffon prohibant toute incursion d'effluves d'arabica dans son environnement immédiat pour cause d'interdiction du breuvage par son cardiologue –, et alluma une Gitane blonde pour compléter le rituel.

Chose faite, il rejoignit Sophie qui l'avait déjà précédé dans l'antre patronal, mais sans sa cape qu'elle s'était résolue à abandonner aux côtés de la veste de tailleur d'Anne Baroux. Laquelle se trouvait elle aussi dans le bureau de Griffon qui mâchouillait son sempiternel capuchon de stylo en attendant le retardataire.

– Salut Roger, fit Alex en constatant que Dallant, leur collaborateur attitré de la Scientifique, était là lui aussi, en retrait côté fenêtre, occupé à jouer au mikado avec une boîte d'allumettes sur une pile de dossiers entassés à même le sol. Tu as recommencé tes recherches sur les probabilités de semblant d'organisation dans le chaos qui nous sert d'univers[1] ?

1. Voir *Les Vendangeuses*, Police des Mœurs n° 169.

– Non, j'ai définitivement renoncé, rétorqua l'intéressé. Je tue le temps en attendant que certains daignent se remettre d'un week-end sans doute trop arrosé, c'est tout.

– Un quart d'heure de retard au turbin, c'est quand même pas la fin du monde. Bon, ce genre de réunion de famille y compris les pièces rapportées, je suppose que ça annonce un méga-sac de nœuds à démêler. Ne manque que notre cher directeur de la police pour compléter la nature morte.

– Picard-Lesecq est alité par une sciatique récidiviste, intervint Griffon. Sinon il serait là, vous pouvez en être certain.

– C'est si grave que ça ?

– Quelques infiltrations et il sera bientôt sur pied, aux dernières nouvelles.

– Je parlais du sac de nœuds, patron.

– Ah, excusez-moi. C'est le mien, de week-end, qui a été exagérément arrosé. J'ai marié une petite-nièce du côté de ma femme. Un peu trop forcé sur le champagne, sans compter que ça ne me rajeunit pas.

– On pourrait raccourcir les préliminaires ? sollicita Roger. J'ai un légiste qui m'attend au frigo municipal avec deux autopsies sur le gaz, et les indices d'une bonne demi-douzaine de scènes de crime à passer au microscope pour avant-hier, si vous voyez ce que je veux dire.

Anne Baroux pouffa derrière sa main. Elle n'était

pas spécialement réactive aux saillies de tout poil, mais souffrait néanmoins d'une légère faiblesse pour l'humour particulier de Dallant, à condition qu'il ne fût pas trop organique.

– J'y viens, fit Griffon.

Il s'adressa plus particulièrement à Gribovitch et Sophie Leclerc, qui ne disposaient encore d'aucun élément.

– Le premier épisode de cette délicate affaire remonte au 21 septembre dernier, et le second pas plus tard qu'à vendredi après-midi. C'est Roger qui a flairé le rapprochement entre les deux et l'anguille sous roche par la même occasion.

– Ouais, confirma celui-ci. Pendant qu'il y en a qui passent leurs week-ends à se détruire la santé, je bosse en heures sup pour la République, moi.

CHAPITRE VII

Gribovitch se gratta la calvitie galopante et remonta ses lunettes sur le toboggan de son nez trop long.

– Que deux couples en plein encastrement se fassent électrocuter à deux mois d'intervalle par un système défectueux d'assistance à l'orgasme, je ne vois pas ce que ça a d'extraordinaire, estima-t-il quand Griffon eut brossé les grandes lignes du tableau. Surtout si les deux appareils étaient du même modèle. Les pubs pour ce genre d'engins pullulent sur internet, et ils sont rarement labellisés aux normes européennes.

– À la base, intervint Dallant, c'était plutôt un appareillage censé faire fondre les kilos superflus sans en passer par la tyrannie des diététiciens ou de l'exercice physique intensif. Mis à part le sport en chambre, bien sûr. Le côté plaisir du système était à mon avis présenté comme cerise sur le gâteau. Une sorte de régime sensuel, si j'ose dire, l'agréable se cumulant à l'utile pour motiver encore plus fortement la clientèle.

Anne Baroux pouffa de nouveau au jeu de mots, qu'Alex, quant à lui, jugea navrant.

– Qu'est-ce qui t'a mis la puce à l'oreille ?

– A priori, il n'y avait aucune raison de faire le rapprochement au-delà de la thèse d'un double accident aux circonstances similaires. Victimes sans histoires aux profils dépareillés, et vivant chacune aux quatre coins de Paris. D'ailleurs les collègues du XVIIe qui ont traité le premier cas ont classé l'affaire sans suite et refilé le bébé aux experts des compagnies d'assurance. Je ne doute pas qu'il en ira de même pour les deux morts de vendredi.

– Mais toi, tu as flairé le coup fourré, insista Alex qui sentait venir le goutte-à-goutte des explications, attitude coutumière à Roger Dallant.

– Par hasard, assura celui-ci en affichant un air de fausse modestie particulièrement agaçant. Il se trouve que le flic du XIIe chargé d'expédier la chose est du style à se couvrir au maximum avant de se laver les mains : samedi matin, il a fait livrer l'appareil mortel à mon labo pour une analyse de routine avant que les assurances ne le récupèrent. C'est moi qui m'en suis occupé.

– Et ?

– Très instructif.

– Mais encore ?

– L’influx électrique qui a rectifié les deux amants par l’intermédiaire d’un godemiché branché sur l’unité centrale a aussi intégralement grillé les circuits de la machine, y compris la mémoire du programme. Là où ça ne colle pas, c’est que le compteur n’a pas sauté. Dans le premier cas, ça pouvait s’expliquer par la vétusté de l’installation dans l’immeuble où logeait Jéromine Brunet, ce qui peut justifier que les experts des assurances n’aient pas cherché la petite bête. Mais s’agissant du second soi-disant accident, tout était aux normes, y compris un disjoncteur différentiel de trente milliampères qui aurait dû réagir au petit poil. Je te laisse conclure par toi-même, vu que tes compétences en bricolage dépassent quand même assez largement celles de l’amateur du dimanche.

– L’appareil s’est déconnecté du réseau *avant* d’électrocuter son monde, ce qui suppose un programme délibérément conçu pour ça et un système d’accumulation capable de stocker assez de jus pour griller à peu près cent vingt kilos de chair humaine.

– Tu ne crois pas si bien dire : dans les deux cas, les cadavres étaient dans le même état que s’ils avaient séjourné durablement dans un micro-ondes géant.

– Tu as pu mettre la main sur l’appareil d’il y a deux mois ?

Ce fut Griffon qui répondit.

– Non. Pour la bonne raison qu’en solliciter la restitution par les compagnies d’assurance des victimes déclencherait des curiosités que nous ne pouvons pas nous permettre jusqu'à nouvel ordre. Mais les deux engins étaient bien de la même marque : *Corps de rêve.*

– Ces appareils ne sont pas disponibles dans le commerce, précisa Dallant, y compris via internet.

– De l'artisanal ?

– Sans aucun doute, mais top-niveau. Et le web a malgré tout joué son rôle dans cette affaire, au moins pour ce qui concerne le deuxième cas. Par acquit de conscience, je me suis fait livrer l'ordinateur de Tatiana Baudoin, la seconde victime féminine. J'ai retrouvé sur son disque dur un Spam comme on en reçoit tous, que ce soit pour vanter du Viagra à moitié prix ou des placements mirobolants, mais celui-là n'a pas transité par la voie habituelle de son courrier électronique : il s'est infiltré en douce dans sa boîte à e-mails via un site auquel elle s'est connectée le 14 septembre. Aucune possibilité de remonter à la source.

– Et ce Spam ne tarissait pas d'éloges sur le système *Corps de rêve.*

– Pas nommément. Il proposait seulement des solutions pour maigrir rapidement et sans effort, avec un numéro de portable à contacter. J'ai vérifié : ce numéro n'a jamais été attribué par les opérateurs du marché. Une ligne fantôme, qui pirate un compte d'abonné quant à lui tout à fait officiel, mais impossible à identifier.

Gribovitch se permit d'allumer une Gitane blonde, déclenchant un soupir de lassitude de la part de Griffon qui n'avait pas plus le droit de fumer que de boire du café.

– OK, je vois le topo. Mais qu'est-ce qu'on vient faire là-dedans ? Ça regarde la Crime et les cyberflics, pas les Affaires Spéciales.

Griffon soupira encore, mais ça n'avait rien à voir avec le tabagisme de son inspecteur.

– Le site par lequel a transité le Spam reçu par Tatiana Baudoin n'est autre que celui sur lequel se connectent les contribuables qui déclarent leurs revenus et payent leurs impôts par internet. Elle a précisément réglé les siens le 14 septembre. Renseignements pris, Jéromine Brunet en a fait autant, mais dès la fin août. Le 30, très exactement. Vous imaginez les conséquences si s'ébruite la nouvelle qu'un serial killer particulièrement imaginatif recrute ses victimes de cette façon : le site sera boycotté par toutes les jeunes contribuables qui gagnent suffisamment bien leur vie pour payer des impôts, et ça fera boule de neige. Avec les dégâts collatéraux qui s'ensuivent : la presse qui fera ses Unes sur l'incapacité du gouvernement à protéger ses sites web, et tous les branchés du pays qui en reviendront à la bonne vieille déclaration papier, engorgement des services à l'avenant, sans compter la nécessité de réengager pléthore de personnel du Trésor qu'on avait discrètement limogé par la voie des retraités non remplacés et autres procédés habituels. Pas franchement le moment, vu la conjoncture.

– Ce genre de pied de nez à l'administration ne serait pourtant pas pour me déplaire, avoua Gribovitch.

– Vos commentaires de vieux dinosaure libertaire sur le retour n'ont rien à faire ici, s'énerva Griffon. Nous avons des ordres : tuer cette affaire dans l'œuf avant que de nouvelles victimes ne s'accumulent, et basta. Vous vous en chargez avec Leclerc, et Baroux se tiendra à votre disposition en cas de besoin.

Alex et Sophie échangèrent un regard perplexe. Le sac de nœuds était gratiné : restait à dénicher le bout de ficelle sur lequel commencer à tirer.

CHAPITRE VIII

Avant de franchir la porte du commissariat principal du XIIe arrondissement, Gribovitch et Sophie se regardèrent, rejoints par un souvenir commun : la dernière fois qu'ils s'étaient retrouvés entre ces murs remontait à un peu plus de quatre ans. C'était pour cuisiner un clochard qui avait cuvé une partie de sa nuit dans une cave d'immeuble du quartier, en compagnie d'un cadavre qui tenait plus du puzzle mal reconstitué que de la dépouille mortelle d'un être humain[1]. Évidemment le clodo prétendait n'avoir rien vu. Une affaire pas piquée des vers, celle-là aussi, sauf ceux qui apprécient d'avoir de la charogne bien sanguinolente au menu, et là, ils avaient de quoi frôler l'indigestion.

– Le lieutenant Maupuis est visible ? s'informa Alex auprès du jeune planton de faction.

– Ça dépend pour qui.

1. Voir *Lovita*, Police des Mœurs n° 146.

Gribovitch dégaina sa carte tricolore à peine le temps d'un battement d'ailes de mouche.

– Des collègues de la grande maison, confirma-t-il.

– Qui s'appellent comment, qui sont de quel service, et pourquoi ?

– Ça, bonhomme, si ça ne te fait rien, on préfère lui dire en privé.

– Troisième porte à gauche, marmonna le planton en désignant un couloir sur sa droite, sans se formaliser outre mesure.

D'un sourire supposé ravageur à Sophie, il signala néanmoins que si le mal poli n'avait pas été aussi bien accompagné, ça ne se serait pas forcément passé comme ça.

Ce fut Alex qui répondit à son sourire d'une œillade digne de Serrault dans *la Cage aux folles*, puis il emboîta le pas à sa coéquipière qui s'éloignait déjà dans la direction indiquée…

– Maupuis ? s'assura Sophie auprès du type qui se curait le nez derrière son bureau en parcourant un dossier.

– Soi-même.

– Leclerc et Gribovitch. On fait équipe.

– Dans quel club ?

– Affaires Spéciales.

Maupuis s'avachit encore un peu plus sur sa chaise, l'air blasé.

– Je vois. Et je comprends pourquoi on m'a réclamé l'ordi de la fille. Ma première petite livraison du week-end à la Scientifique a bavardé, et elle avait mauvaise haleine ?

– Pestilentielle. On récupère l'affaire en douce. Officiellement, vous déroulez la procédure standard et vous fournissez ce qu'il faut au juge d'instruction pour qu'il classe sans suite. Accident tragique consécutif à la perversion sexuelle sans limite de nos contemporains. Point barre.

– Moi, ce que j'en dis... Tant que votre big boss me couvre en cas de pépin imprévu.

– Il vous habille pour l'hiver. Le tailleur a déjà noté vos mesures.

– Parfait. Qu'est-ce que vous voulez savoir ?

– Tout.

– J'ai pas encore tapé mon rapport. Ce sera fait pour ce soir.

– On aimerait un petit avant-goût. Gribo et moi, on a toujours préféré l'oral à l'écrit. C'est plus convivial.

– Bon, OK. Tatiana Baudoin. Vingt et un ans et déjà styliste de mode bien implantée dans le milieu. Coquet trois-pièces au dernier étage d'un immeuble de standing du boulevard Poniatowski, avec vue imprenable sur le bois de Vincennes.

– Ça, on est déjà au courant. Le mec ?

– Abdel Ferhad, vingt-quatre ans. Natif du neuf cube, à Bobigny. Origine marocaine. Ses parents tiennent une épicerie de quartier dans le centre.

– De Bobigny ?

– Affirmatif. Le môme ne glandait pas grand-chose. Alternance de chômage et de petits boulots. Pas de casier.

– Vous savez ce qu'il foutait avec une fille comme Tatiana ?

– Pour ce que j'en ai vu, il la foutait, justement.

– Ne jouez pas les idiots, Maupuis. À priori, ils n'avaient aucune raison de se rencontrer et encore moins de finir dans le même lit.

– On les a trouvés sur la moquette, pas au pieu. Bon, j'arrête mes conneries. Ferhad était beau gosse, même plus que ça, et monté comme un taureau. Peut-être qu'il se servait de sa queue pour infiltrer le milieu de la mode. Il avait carrément le look pour devenir mannequin.

– Vous vous êtes renseignés là-dessus ?

– Oui. Sans résultat. Personne dans l'entourage proche de Tatiana Baudoin ne le connaissait, ni même ses voisins d'immeuble, et vice-versa. Leur relation était sans doute très récente. À moins que la fille ne l'ait tout simplement levé en ville pour s'offrir un coup avec un beau mec sans doute moins chiant et plus performant que les tafioles qu'elle fréquentait à longueur de temps.

– Les propos homophobes sont désormais un délit, signala Sophie.

– J'ai rien contre les pédales, je préfère les vraies nanas. Nuance.

– Qui a découvert le pot-aux-roses ? intervint Gribovitch.

– Un voisin de palier, à cause de l'odeur de viande brûlée. Il avait un double des clés pour arroser les plantes en cas d'absence prolongée.

– Vous l'avez cuisiné sur ce qu'il savait des petites habitudes de Tatiana ?

– Bien sûr. En dehors du fait qu'elle n'avait pas de mec attitré, à sa connaissance elle ne recevait jamais d'hommes chez elle, du moins pour la bagatelle. On peut le croire sur parole, c'est le style fouille-merde à la retraite qui ne sort jamais de chez lui, avec des yeux et des oreilles partout.

– Ce qui ne colle pas vraiment avec votre thèse d'un amant d'un soir dragué à l'improviste.

– J'en conviens, mais je n'ai pas d'autres munitions à vous offrir sur le sujet.

– Elle était grosse ?

– Non. En tout cas pas assez pour justifier le côté chasse-kilos de cette saloperie d'engin de torture qui les a tués tous les deux. Tu périras par là où tu as péché, disait l'autre. Y a des fois où ça se vérifie.

– C'est tout ? s'enquit Sophie.

– Ouais.

– C’est maigre.

– Mais c’est plus mon affaire. L’avantage pour vous, c’est que moins j’en ai à raconter au juge, plus vite il classera. Faut savoir ce que vous voulez.

– Merci quand même.

– Y a pas de quoi. Dites...

– Oui ?

– C’est quel genre de schmilblick, ce coup tordu ?

– Aucune idée pour le moment. C’est bien là le problème.

– Et pourtant c’est les Affaires Spéciales qui héritent du merdier, ironisa Maupuis qui n’en croyait pas un mot.

– À chacun sa croix.

– Comme vous dites. De vous à moi, je n’échangerais pas ma place contre la vôtre.

– Rassurez-vous : moi non plus. Hériter d’un bureau rouillé et constellé de crottes de nez, j’ai vu mieux comme plan de carrière.

CHAPITRE IX

– Alors ? s'enquit Griffon au retour d'Alex et Sophie rue de Lutèce.

– Rien de solide, répondit Gribovitch. Rien tout court, même. Sinon une bizarrerie quant à la partie fine de Miss Styliste avec ce type apparemment tombé de nulle part entre ses fesses.

Il s'adressa à Anne Baroux.

– Des résultats ?

– En partie. D'après Orange, Tatiana Baudoin a effectivement appelé un numéro fantôme, quinze jours après s'être connectée sur le site des Impôts. Et d'après SFR, Jéromine Brunet l'avait fait elle aussi, le 31 août, soit le lendemain du jour où elle a réglé son troisième tiers par internet. Mais il ne s'agissait pas du même numéro.

– C'est ce que je craignais : il change pour chaque cliente potentielle. D'un autre côté, ça confirme qu'on a eu raison de ne pas essayer de joindre celui qui figurait dans le Spam reçu par Tatiana. S'il y avait encore eu quelqu'un ou un répondeur au bout du fil, on était grillés jusqu'à l'os nous aussi.

Anne Baroux leva les yeux au ciel. Contrairement à celui de Roger Dallant quand il restait soft, l'humour de son collègue n'était pas du tout à son goût.

– Et côté livraisons ? la relança Alex.

– On peut d'ores et déjà éliminer la Poste et le Sernam, qui ont répondu par la négative pour les deux adresses. Rien pour l'instant du côté des transporteurs privés. En supposant que ça aboutisse, ça prendra du temps. D'autant que sans commission rogatoire en bonne et due forme, ils ne sont pas obligés de répondre au mail collectif que j'ai envoyé à tout le fichier de la corporation.

– Merci de me rappeler ce que je suis mal payé pour ne pas ignorer, s'agaça Gribovitch. De toute façon il fallait essayer, même si je suis à peu près convaincu que ça n'aboutira pas. Un transporteur, ça fait par définition dans la traçabilité. Les appareils ont sans doute été livrés par un quidam recruté pour l'occasion. Excusez-moi.

Il dégaina son portable qui sonnait. L'écran affichait « Rogerlabo », la ligne professionnelle fixe de l'as de la Scientifique.

– Oui ?

– Quelque chose me turlupinait, fit Dallant. À tel point que j'ai zappé les autopsies sur le gaz pour me replonger dans les entrailles nettement moins odorantes quoique archicuites d'un certain *Corps de rêve*.

– Et ?

– Intuition confirmée. L'unité centrale du système me semblait bien peu pourvue en curseurs et autres commandes, étant donné l'importance des restes cramés de l'informatique embarquée. Je suis parvenu non sans mal à explorer un tout petit morceau pas trop détruit du disque dur. Accroche-toi bien.

– C'est fait : je suis suspendu à ta voix.

– Ce disque était aussi vierge qu'une nonne qui a pris le voile avant sa puberté. Même pas formaté. Un leurre, rien de plus. Tu me suis ?

– J'ai un peu de mal. Continue quand même.

– Ça signifie que le vrai programme qui pilotait la machine était enregistré sur un autre support, à l'intérieur d'un boîtier de commande séparé, genre clavier sans fil, qu'on pouvait manipuler sans aucun risque d'encaisser la secousse qui a occis les deux amants. À partir du moment où j'avais compris ça, il ne m'a fallu que quelques minutes pour localiser non pas le récepteur sur l'appareil principal, mais l'emplacement où il se trouvait avant que quelqu'un ne démonte ce qu'il en restait après utilisation. Tu me suis mieux, là ?

– Je te colle au train, vieux.

– Alors je te lâche toute la vapeur. J'ai réexaminé plus attentivement les empreintes de Tatiana Baudoin que j'avais relevées sur la machine, les accessoires et la valise de rangement. Celles qui se trouvaient sur les ceintures prouvent que la fille les a bien manipulées elle-même, du moins en partie. Mais celles sur l'unité centrale, la valise et à la base du godemiché, quand ses doigts s'y sont posés, n'appartenaient plus à un être vivant, mais à un cadavre aussi mort qu'un magret de canard rôti avec sa peau.

– Nom de Dieu ! Merci Roger. Surtout n'oublie pas de te faire cloner avant de passer l'arme à gauche, sinon la police des générations futures se retrouvera carrément à la préhistoire du métier.

Alex remballa son portable et se retourna vers Griffon, Sophie et Anne Baroux, aussi muets d'impatience que des carpes en attente des résultats d'un concours de pêche.

– L'appareil n'a pas été livré à Tatiana Baudoin par un quelconque commissionnaire, révéla-t-il, mais directement par son probable concepteur, le jour même de la démonstration fatale. Ce petit malin a remporté avec lui le boîtier de commande, ce qui ne présage rien de bon si on en déduit que c'est pour s'en resservir un jour ou l'autre, et il a essuyé ses empreintes sur le reste du système pour les remplacer par celles du cadavre de Tatiana. Je vous attends au virage du « bon sang mais c'est bien sûr ».

Ce fut Sophie qui réagit la première.

– Si l'inventeur de cette machine infernale était sur place en personne, ce qui était probablement également le cas chez Jéromine Brunet, le scénario d'une partie de baise sous assistance technique avec un amant ne tient plus du tout la route. Moi, je me vois mal inviter mon boy friend à faire ça sous les yeux d'un représentant de commerce !

– Tout juste, confirma Alex. Il est donc à peu près certain que dans les deux cas, le queutard de service faisait partie de la démonstration, à l'insu de son plein gré quant à l'issue pour lui de sa petite prestation. Il accompagnait l'assassin, ce qui explique que personne n'ait jamais vu Ferhad dans l'environnement immédiat de Tatiana. Le scénario est facile à reconstituer : mise en condition de la fille en l'excitant dans un premier temps avec le seul appareil, puis, une fois qu'elle est assez chaude pour perdre tout contrôle, entrée en scène de « l'amant », sans doute recruté au pied levé contre la promesse d'un gros billet. Reste à savoir si Jéromine Brunet et le type qui a été retrouvé encastré dans son intimité correspondaient au même profil : sans aucune relation préalable, et le mec suffisamment zonard pour concéder ce genre de service contre un peu de fric.

– Hors de question de pointer votre nez au commissariat du XVIIe, objecta Griffon. Exhumer une affaire déjà classée, ça ne collerait pas du tout avec nos objectifs de discrétion. Noyauter à chaud un Maupuis qui ne demande qu'à glander en paix, c'est une chose. Le cas Brunet, c'est Dunovetz qui s'en est occupé.

Vous le connaissez : une tout autre paire de manches. S'il se met à soupçonner que son « accident » n'en était pas vraiment un, on n'arrivera jamais à s'en dépêtrer.

– On se démerdera autrement, intervint Sophie Leclerc. On en a l'habitude. Anne, s'il vous plaît, avant qu'il ne s'installe à la morgue, vous avez les coordonnées de ce... ? J'ai oublié son nom.

– Jérôme Louverture, Martiniquais, rue de la Solidarité dans le XIXe, récita Anne Baroux de mémoire. Deux secondes, je vous retrouve le numéro.

CHAPITRE X

Sœur Florence se déshabilla entièrement et rangea soigneusement ses vêtements sur un cintre qu'elle accrocha à la suite des autres.

Puis elle poussa la porte, que n'entravait ni poignée, ni serrure.

L'odeur âcre du sperme et des sécrétions en tout genre lui envahit les narines d'une caresse incendiaire. Elle s'en gorgea les sinus, les yeux révulsés, puis s'avança jusqu'au fond de la salle, slalomant parmi les corps enlacés en couples ou trios plus ou moins mixtes, contourna un amalgame plus fourni d'environ sept partenaires et s'arrêta pour poser la main sur un cul aussi dénudé que les autres, qui lui frémit sous la paume.

– Je peux, frère Louis ? s'enquit-elle auprès de l'homme en train de se faire sucer par la très jeune propriétaire du cul.

Il acquiesça d'un haussement d'épaules, l'air de

dire : « Tu sais très bien que ce derrière est à tout le monde. Fais-en ce que tu veux. »

Sœur Florence enfonça donc son index et son majeur joints tout au fond de la chatte baveuse, et les retira pour les sucer avec délectation.

Chose faite, elle s'avisa d'une évidence : la fille – Florence ne pouvait voir son visage, mais au galbe de ses fesses pommées et au goût de son jus de chatte, elle estima qu'il s'agissait de petite sœur Renée, une novice d'à peine dix-huit ans qui aurait bientôt toutes les qualités pour prononcer ses vœux définitifs – avait subitement gravi quelques degrés supplémentaires sur l'échelle de l'excitation, et elle demandait encore des doigts, d'un trémoussement fessier sans ambiguïté.

Serviable, Florence les lui planta donc à nouveau, mais cette fois dans le trou du cul, pour varier un peu. Elle touilla violemment. Effet garanti : ça se mit à tressauter de partout, et un long ululement monta de la gorge encombrée par la bite de frère Louis, qui du coup, lui aussi, se mit à jouir tout son saoul en éjaculant l'intégralité du contenu de ses couilles dans la bouche de petite sœur Renée — Florence était à présent certaine de son identité, vu qu'elle s'était penchée pour lui rouler une pelle d'enfer, histoire de partager avec elle la saveur du sperme épandu.

La queue déjà ramollie de frère Louis, qui n'était plus tout jeune, gisait flasque sur sa cuisse gauche. D'une main charitable, Florence la réenfourna dans la bouche de petite sœur Renée, qui se remit à sucer comme si sa vie en dépendait pour redonner de la vigueur à tout ça.

Florence l'aida un peu en tripotant les couilles du bout de ses doigts et en offrant la pointe de son sein gauche aux lèvres de Louis, qu'elle savait friand de ce genre de bonbon.

Il téta donc le mamelon, puis l'autre, et sentant sans doute que Florence était aujourd'hui particulièrement réceptive à la succion, il décida de lui accorder également un petit malaxage de clito, auquel elle se prêta sans arrière-pensée, tout simplement en soulevant sa cuisse gauche tandis qu'elle s'asseyait auprès de lui sur un ample coussin moelleux.

– Tu as le plus joli clito que j'aie jamais cajolé, assura frère Louis.

– Flatteur, va, minauda sœur Florence.

– Je te jure !

– Bon, d'accord. On va pas en faire un fromage. Masse plus lent, s'il te plaît, et un peu plus par en dessous.

– Ça va, toi, ces temps-ci ? demanda Louis en s'exécutant.

– On ne peut mieux. Tout baigne dans l'huile.

– Dans l'huile de friture, je suppose ?

– En quelque sorte.

Ils éclatèrent ensemble d'un rire discret, afin de ne pas perturber les ébats en cours des autres frères et sœurs.

Petite sœur Renée, elle, se contenta de pouffer en sourdine, car elle avait la bouche pleine étant donné que le gland de frère Louis reprenait déjà un début d'embonpoint prometteur.

– Tu m'enculeras pendant qu'elle me lèche, quand tu seras de nouveau en pleine forme ? sollicita Florence.

– Si tu veux. C'est vrai que ça fait un moment que je ne t'ai pas défoncé l'oignon.

– Ça va être bientôt prêt, les informa la novice en peaufinant sa résurrection d'une branlette tout en souplesse énergique.

– Hûûûûû ! ! !... répondit Florence en jouissant à l'impromptu sous la caresse experte du majeur de frère Louis.

CHAPITRE XI

Gribovitch et Sophie émergèrent du métro station Danube et enfilèrent la rue Alsace-Lorraine jusqu'au croisement avec la rue de la Solidarité. Après s'être rendus jusqu'à l'immeuble plutôt décati où avait logé feu Jérôme Louverture, ils revinrent sur leurs pas, en quête d'un café de quartier où le Martiniquais aurait pu avoir ses habitudes.

– Ici, ça me paraît stratégique, fit Sophie en désignant un troquet à la façade bariolée de couleurs criardes. Clientèle plutôt jeune et bigarrée, et c'est à peu près à mi-chemin entre chez lui et le métro. Moi, à sa place, c'est là que j'aurais pris un abonnement pour tordre le cou à des menaces de soirées solitaires.

– Ça me semble une bonne option, admit Alex, mais on va faire tache, vu notre âge.

– Parle pour toi, vieux débris. Moi, je me sens une âme à scotcher l'intégralité de l'assemblée grâce à mon potentiel séduction, mâles et femelles confondus.

Et des libidos séduites, ce sont autant de langues qui se délient sans chercher midi à quatorze heures.

– Tout dépend de ce que tu comptes faire avec toutes ces langues.

– Juste les faire bavasser, rassure-toi. Pour le reste, ces temps-ci, j'ai largement ce qu'il me faut en magasin.

– Qui ? essaya Alex. Ça fait une éternité que je ne t'ai pas vue ramener quelqu'un rue Bernache, quel que soit son sexe.

– En ce moment, ne t'en déplaise, je baise à l'extérieur, pour cause de partenaire beaucoup trop bruyant pour tes chastes oreilles.

– Bruyant, ou bruyante ?

– N'insiste pas, je suis une tombe. Bon, on attaque, ou on campe sur ce trottoir ?

– Ça marche pour moi, marmonna Gribovitch en allumant une Gitane blonde.

CHAPITRE XII

– Aaaaassshhh... Oui... Plus profond, s'il te plaît. Ça fait encore un peu juste, là.

Pour compenser le volume à son goût déficient de l'intromission, Florence se tritura les tétons et se malaxa les seins.

– Désolé, s'excusa frère Louis, je n'ai plus les érections de mes vingt ans. Comme ça, c'est mieux ?

Il l'avait saisie plus haut sur les hanches pour s'enfoncer au maximum, quitte à s'écraser les couilles contre les fesses.

Florence, pour aider, se cambra davantage et posa ses mains au sol.

– Avec un peu d'assistance côté pile, ça ira, concéda-t-elle.

Puis elle s'adressa à petite sœur Renée qui, vautrée sur un coussin, s'astiquait consciencieusement le pistil en oubliant le second volet du programme envisagé.

– Viens là, toi, et lèche.

La novice, docile, esquissa un sourire d'une absolue niaiserie et se glissa sur le dos entre les bras de Florence. Au passage, elle lui suça abondamment les mamelons puis continua, jusqu'à poser sa nuque sur un gros coussin que frère Louis, d'un genou perspicace, avait ramené juste au bon endroit pour que la langue de la jeune fille fût à la hauteur requise afin de s'activer là où l'on souhaitait qu'elle le fît.

Avantage de l'agencement : la chatte presque imberbe et tout en rondeurs quasi juvéniles de petite sœur Renée s'en trouva également à portée de la bouche de Florence, qui ne se priva pas de passer à table.

Elle adorait les sexes féminins à peine sortis de l'adolescence, au galbe généreux, à la fraîcheur insolente, surtout quand ils étaient si peu velus que les poils duveteux ne constituaient en aucun cas une gêne à la dégustation. Certes, avec des partenaires un peu plus mûres, elle avait essayé les chattes épilées, mais ce n'était pas pareil. La jeune foune, c'était vraiment ce qu'elle préférait lécher.

Presque autant qu'un gland de mec abondamment membré, ce qui n'était malheureusement plus le cas de frère Louis, écorné dans ses ardeurs par les ravages du temps qui fuit.

Mais l'un dans l'autre, une bite aux deux tiers bandée dans son cul et une chatte de jeunette à portée de langue, ça le faisait.

Surtout que l'ambiance alentour de partouze généralisée, avec le son et les odeurs, fournissait le complément de sensations appropriées.

Elle lécha donc la foune de petite sœur Renée, lui suça la framboise à bouche que veux-tu. Lui planta même à nouveau deux doigts dans le cul, vu que la novice adorait ça. Et elle rendait la monnaie, Renée : elle fouaillait de sa langue agile bien profond dans le sexe de Florence, lui étirait le clito de ses lèvres pincées pour le relâcher comme un élastique. Et rebelote. Plusieurs fois de suite.

Quant à frère Louis, sans doute miraculeusement revigoré par les excès de ce lupanar dont il faisait son miel, sa bite retrouvait soudain, tout au fond du cul de Florence, des mensurations inespérées. Moralité : sœur Florence commençait à grimper férocement aux rideaux, et ça s'entendait à ses gémissements de plus en plus haletants et aux petits cris suraigus et subreptices qui jaillissaient des commissures de ses lèvres noyées dans le jus de chatte de Renée, laquelle, par nature, était particulièrement généreuse de ce côté-là.

Louis déchargea peu, par manque de reconstitution de ses réserves, mais violemment.

Si violemment que ses pieds ripèrent sur le coussin et qu'il s'effondra de tout son poids sur le dos de Florence, dont l'entrecuisse en fusion comprima tellement le visage de petite sœur Renée que celle-ci faillit en perdre connaissance par défaut d'oxygène, d'autant plus qu'elle était elle aussi en train de se prendre un pied titanesque sous la langue de sa grande sœur.

Ils eurent à peine le temps de rafistoler tant bien que mal les morceaux de leurs neurones éparpillés, que la horde des frères et sœurs se jeta sur eux en braillant tout son saoul, bites, nichons et chattes en délire et en avant toute.

Tableau aussi bestial que navrant, mais considérablement excitant.

Du moins pour une autre novice qui avait préféré ne pas se joindre à l'orgie mais n'en perdait pas une miette pour autant : langue pendante, les yeux exorbités, elle se branlait comme une malade sur un épais tapis, cuisses ouvertes à cent quatre-vingts degrés, tout clito dehors.

CHAPITRE XIII

Gribovitch s'installa au zinc sur un tabouret et écrasa sa Gitane blonde – pourtant à peine à demi consumée – dans l'énorme cendrier publicitaire. Geste inconscient, motivé par le poids des regards qui convergeaient sur lui et sa coéquipière. Il en ralluma aussitôt une autre, pour se redonner contenance et s'occuper les mains, et commanda une Leffe.

Sophie opta pour une Heineken.

– Sympa, votre troquet, fit-elle à l'attention du type planté de l'autre côté du bar, qui était de toute évidence le patron.

Le contexte lui rappelait furieusement une situation analogue, dans un café de Barbès[1]. Le bistrotier d'aujourd'hui était nettement plus maigre et beaucoup moins rouquin, mais, s'il ne répondit pas au compliment, il lui reluquait le balcon avec les mêmes yeux gourmands. Dans les deux cas : sentiment du chien dans un jeu de quilles qui laisse traîner ses poils dans

1. Voir *En mai, je fais ce qu'il te plaît*, Police des Mœurs n° 167.

la soupe. Le climat dont on n'oserait pas rêver pour poser des questions indiscrètes sans se faire envoyer aux pelotes !

Mais puisque ses atouts séduction avaient emporté le morceau l'autre fois, il n'y avait aucune raison de se priver de tenter la rebelote.

Sauf qu'en l'occurrence, la clientèle de ce troquet-là était sensiblement plus nombreuse que dans l'autre, et manifestement curieuse de ces nouveaux venus qui n'avaient jamais mis les pieds dans l'établissement.

Restait à transformer le handicap en avantage...

Ça s'éternisait.

Sans résultat.

Sophie avait beau essayer d'embarquer le patron dans une conversation à bâtons rompus censée drainer quelques satellites, le malingre se contentait d'afficher des yeux ronds perdus corps et biens dans son décolleté — elle avait rabattu sa cape Édépée derrière ses épaules pour lui faciliter la tâche — et de se fendre d'un sourire aussi édenté qu'un timbre-poste périmé.

– Vous n'êtes vraiment pas bavard, lui signifia-t-elle en désespoir de cause.

– C'est normal, intervint un client de la salle qui venait régler sa note au zinc : Bastien est muet. Un accident de la vie comme ça arrive. Cancer de la langue et du larynx. On les lui a retirés tous les deux et il respire par un embout de plastique planté dans sa gorge. Vous l'avez pas remarquée, sa trachéo, là? Regardez bien, on l'aperçoit au ras de son col roulé. Remarquez, c'est pas pour ça qu'il a laissé tomber la clope : il fume moins, c'est sûr, mais il continue de griller sa bonne quinzaine de roulées par jour. Et directement par l'embout, tant qu'à faire. De toute façon, plus haut, ça communique plus avec les poumons, alors...

Tandis que Gribovitch, la nausée au bord des lèvres, écrasait dans le cendrier sa troisième Gitane blonde depuis qu'il avait franchi le seuil du café, en se promettant de ne plus en allumer une au moins tant qu'il n'en serait pas ressorti, le prénommé Bastien confirma la révélation en abaissant un peu son col roulé. Le sourire édenté s'accentua, fier comme bar-tabac.

Sophie dissimula son malaise comme elle le pouvait et se mit à faire de l'œil au jeune client, censément plus expansif que le malheureux tenancier qui encaissait à présent son dû.

– Je vous offre quelque chose ? susurra-t-elle.

– C'est que... ma fiancée m'attend chez nous. Je suis pas censé trop traîner. C'est début de semaine.

– Il n'est que quinze heures quinze, nuança Sophie.

– Je bosse à mi-temps, seulement le matin.

– C'est un argument. Vous prenez quoi ?

– Même pas le métro. Brigitte et moi, on habite à

trois rues d'ici.

Content de son trait d'esprit, il ricana et un bon nombre de clients avec lui.

– Mais encore ? insista Sophie qui sentait le vent nouveau de la convivialité souffler enfin à son avantage.

– Bon. Disons un demi.

Le trachéotomisé enregistra d'un hochement de tête et s'activa au robinet à pression...

Trois quarts d'heure plus tard, Sophie ressortait du troquet avec Gribovitch et un numéro de portable gribouillé sur un ticket de métro usagé.

– Tu appelles, ou je ? hésita-t-elle.

– Tu, trancha Alex.

CHAPITRE XIV

Ils arrivèrent délibérément en retard au rendez-vous, pris pour vingt heures dans une brasserie du quartier Opéra. Le solde de l'après-midi avait été largement suffisant pour qu'Anne Baroux, à partir du numéro de portable, ait pu reconstituer tout ce qu'il y avait d'intéressant dans le CV d'une certaine Édith Ollivier, y compris sa photo d'identité la plus récente.

– Tu la vois ? s'enquit Gribovitch qui cherchait en vain à travers la vitre.

– Oui. Là-bas, sur la gauche. Jolie femme. Plus que sur sa photo, en tout cas.

Alex la localisa lui aussi.

– Mouais, c'est vrai, admit-il. Elle n'a pas l'air stressée à poireauter pour deux inconnus surgis de nulle part qui n'étaient pas censés disposer de son numéro de portable.

– Ça te surprend, vu le boulot qu'elle fait ?

– Non. Bon, on y va. Et cette fois, c'est moi qui tire

les premières salves. Chacun son tour...

Gribovitch s'installa à la table sans saluer, imité par Sophie qui s'était préalablement délestée de sa cape à présent accrochée au dossier de sa chaise.

– C'est agréable à porter? s'enquit Édith Ollivier sans se formaliser. Moi, j'hésite encore.

– On n'est pas là pour discuter chiffons, trancha Alex.

– C'est vrai, d'autant que je piaffe de connaître les raisons de ce rendez-vous.

– Normal, vous vous appelez Édith.

– Vous êtes désopilant, mon cher. Comptiez-vous me surprendre en me révélant à l'emporte-pièce que vous connaissez mon nom, alors que je n'en ai rien dit au téléphone? Si c'est le cas, vous avez un wagon de retard, lieutenant Gribovitch. Et ce n'est pas la première fois. J'ai failli attendre, depuis maintenant un mois qu'on m'a mise sur cette affaire.

Alex morfla durement, ainsi que Sophie qui au téléphone n'avait décliné ni son identité, ni celle de son coéquipier et encore moins dévoilé leur statut de flics.

– Cartes sur table? proposa-t-il.

– Cartes sur table. J'ai mes réseaux d'indics, comme vous, et des oreilles qui traînent aux environs de tous les commissariats, y compris celui du XIIe. En revanche, on n'a pas su me dire – ou pas voulu – à quel service vous appartenez, vous et le lieutenant Leclerc.

– Y a pas urgence. Détective privé mandaté par les compagnies d'assurance, c'est vague. Pour laquelle d'entre elles travaillez-vous, sur ce coup-là ?

Édith Ollivier ne répondit pas tout de suite, le temps pour le garçon de salle de prendre commande.

Chose faite, elle éclaira la lanterne d'Alex et de Sophie.

– Pour celle qui assurait Jéromine Brunet. Comme vous le savez, cette fille gagnait correctement sa vie avec son boulot d'assistante de gestion, mais sans plus. Ce qu'elle économisait en logeant dans un immeuble pour le moins vétuste, elle le mettait dans des primes d'assurance-vie, pour un capital conséquent dont sa mère était bénéficiaire en cas de décès. Elles ne se voyaient plus pour cause d'incompatibilité de caractère, mais Brunet père ayant cassé sa pipe dans un accident il y a huit mois sans laisser un sou vaillant à sa femme, Jéromine lui virait régulièrement de l'argent sur son compte et tenait à ce qu'elle soit définitivement à l'abri du besoin s'il lui arrivait quelque chose à elle aussi. Sauf qu'un mois et une semaine après son électrocution en galante compagnie, les experts de la compagnie ont fini par découvrir quelques étrangetés parmi les restes de la machine, ainsi qu'une relation plus que surprenante entre un Spam archivé sur le disque dur de l'ordinateur de la demoiselle et sa connexion sur un certain site gouvernemental pour y payer ses impôts. Les clauses du contrat excluant évidemment le suicide, mais aussi le meurtre, c'est là que j'entre en scène. Officiellement, l'affaire était classée. Vous savez comme moi que pour obtenir une révision de ce genre de décision, il faut des éléments solides. Je suis une spécialiste du genre, et j'aime bien travailler en bonne entente avec les flics. Échange de bons procédés. Donc je vous attendais. Vous y avez mis le temps.

– Vous... avez... délibérément... bredouilla Gribovitch.

– Fait circuler mon numéro de portable là où il le fallait pour que quelqu'un finisse par vous le refiler, oui. Excusez-moi de me répéter, mais vous y avez vraiment mis le temps. Il a donc fallu cette seconde double électrocution à l'autre bout de Paris pour que des flics dignes de ce nom commencent à s'intéresser à la première ?

– On peut résumer les choses comme ça, concéda Alex.

– Et...

Nouvelle interruption, le temps que le serveur fasse sa livraison.

–...même profil, à tous les niveaux, y compris un Spam qui a emprunté les mêmes voix détournées ?

– On ne peut rien vous cacher.

– Vous avez parlé d'échange de bons procédés, intervint Sophie en plantant sa fourchette dans un gésier de volaille confit. Qu'est-ce que vous attendez de nous, et qu'est-ce que vous avez à nous vendre en retour ?

– Mes collaborations régulières avec la police n'apparaissent certainement pas dans la liste des infos que vous avez glanées sur moi, pour la bonne raison qu'elles sont toujours restées secrètes et que les intéressés n'ont jamais eu à se plaindre de moi. Je sais à quoi ressemble la femme qui a convaincu Jérôme Louverture d'empocher un peu de fric contre une participation bidon, à titre de stagiaire, dans une séance de démonstration du système *Corps de rêve*.

– Une femme, vous êtes sûre ?

– Oui. Elle s'y est prise à plusieurs fois pour brancher le Martiniquais, dans le quartier même où il habitait, et le matin de la séance, elle l'a pris en voiture sur le trottoir, en bas de chez lui. Mes informateurs et témoins, dont vous me permettrez pour le moment de taire les noms, n'ont pas eu la jugeote de repérer la marque. À juste titre, l'un d'eux a avancé qu'aujourd'hui, toutes les bagnoles se ressemblent.

– Qu'est-ce que vous attendez de nous ? insista Alex en versant du vin dans les trois verres.

– Que vous me preniez avec vous jusqu'à la fin de votre enquête. Je me fous de qui a fait ça et des mobiles. Tout ce que je veux, c'est pouvoir fournir à la compagnie des éléments suffisants pour leur permettre de ne pas verser la totalité du capital, mais seulement une somme raisonnable négociée loin des prétoires avec la mère de Jéromine Brunet, qui s'impatiente de ne pas encore avoir vu la couleur du fric. Des éléments que je vous soumettrai avant d'en faire part, évidemment.

– Ce qui laisse entendre que vous avez d'autres munitions à nous offrir pour justifier que nous acceptions votre marché, supputa Sophie.

– Quelques-unes, en effet. Alors, vous me le dites, pour quel service vous travaillez ?

CHAPITRE XV

– Et vous le lui avez dit ! s'étrangla Griffon qui faillit en avaler son capuchon de stylo du matin.

– Non, bien sûr, répondit Sophie. Mais Alex pense comme moi : elle le sait déjà. Si elle prétend le contraire, c'est uniquement pour nous convaincre du fait qu'elle respectera le contrat : confidentialité et discrétion. D'ailleurs quand elle nous a relancés sur la question et qu'on s'en est tirés par une pirouette, elle n'a pas insisté.

– Mais qu'est-ce qui prouve que cette fille travaille vraiment pour la compagnie d'assurance ? Vous savez aussi bien que moi qu'il y a de tout chez les privés, y compris des pourris de première catégorie.

– Si c'était le cas, intervint Gribovitch, même à simple titre de suspicion, sa fiche aux RG en ferait état. Ils sont particulièrement pointus et fouille-merde, s'agissant des membres de la corporation.

– Épargnez-moi les portes ouvertes, s'il vous plaît.

La première chose à faire, c'est de se renseigner sans éveiller de soupçons auprès de son soi-disant client du moment.

– Anne Baroux vient de s'en charger. Elle les a appelés dès l'ouverture des bureaux sous prétexte d'un contrôle Urssaf dont Édith Ollivier ferait bientôt l'objet. Elle en est à sa quatrième mission pour eux depuis trois ans, et le début de son dernier engagement remonte bien à la fin octobre, comme elle nous l'a dit. Anne n'est pas allée jusqu'à leur demander pour quelle affaire elle a été mandatée, ils se seraient méfiés.

Griffon soupira en embouchant un capuchon de stylo neuf, son prédécesseur en étant déjà arrivé aux dernières extrémités de son agonie.

– Et vous, vous la sentez comment ?

– On a passé une bonne partie de la soirée avec elle. C'est quelqu'un de calme, de réfléchi, et qui en a plein le ciboulot. Bonne pioche, a priori. Mais a-t-on vraiment le choix ? Elle dispose d'éléments qui nous échappent, à commencer par le look de cette femme mystérieuse.

– Bon, on tente le coup. Mais faites gaffe, on marche sur des œufs.

CHAPITRE XVI

– Merde, fit Gribovitch en allumant une Gitane blonde — ses scrupules quant à la gestion de son tabagisme personnel n'avaient pas survécu bien longtemps à sa confrontation avec le bistrotier trachéotomisé. Ça commence mal, pour une collaboration basée sur la confiance mutuelle. Elle nous a posé un lapin.

Il arpentait depuis plus d'une demi-heure avec Sophie l'allée du Jardin des Plantes indiquée par Édith Ollivier au téléphone.

– Simple monnaie de notre pièce, espéra sa coéquipière. Hier soir, on l'a fait poireauter presque autant avant de la rejoindre à la brasserie.

– Êtes-vous vraiment obligé de polluer ce havre d'oxygène avec votre fumée de cigarette ? persifla une voix derrière eux.

Ils se retournèrent tous les deux.

Assise sur un banc au bord de l'allée, une jeune

femme aux cheveux blonds tirés en chignon, visage blanc comme la mort, lunettes cerclées de noir sur le nez, jambes croisées sous la jupe d'un tailleur strict, les toisait d'un regard amusé en agitant en éventail le bouquin ouvert qu'elle faisait jusqu'ici semblant de lire.

Édith Ollivier était méconnaissable, y compris par sa voix déguisée, mais plus par la pâleur de son fond de teint que par son accoutrement qui tranchait radicalement sur le look décontracté qu'elle arborait la veille.

Penauds, ils la rejoignirent tandis qu'elle se levait et tirait sur sa jupe qui lui descendait sous le genou.

– Chapeau bas, confessa Alex. Dans le genre transformiste, vous êtes sans doute la championne de votre catégorie.

– L'ABC du métier, fit modestement Édith. Mais j'avoue que parfois, c'est très excitant de passer ouvertement presque trente minutes dans le champ de vision de personnes qui ne vous reconnaissent pas. Vous me trouvez plus sexy comme ça, ou comme j'étais hier ?

La question s'adressait collégialement à ses deux interlocuteurs.

– Sexy n'est pas vraiment le mot, répondit Sophie sans trancher. Mais je suis d'accord avec Alex : vous nous avez magistralement bluffés. Bravo.

– D'ordinaire, minauda la détective, ce sont les

hommes qui répondent les premiers à ce genre de question. Mais passons. Je ne suis pas payée pour tirer des plans sur la comète de votre vie sexuelle. Vous me prêtez votre cape quelques instants, s'il vous plaît, que je puisse me rendre compte par moi-même ?

Sous les yeux narquois de Gribovitch, Sophie, décontenancée par la remarque, se défit de son achat récent et le tendit à la jeune femme qui s'en drapa d'un geste théâtral. Elle chaloupa sur quelques pas dans l'allée. De dos, son tailleur n'était plus visible sous l'ample vêtement. Changement complet d'allure et de style. Un vrai caméléon.

– Pas désagréable, conclut-elle en rendant la cape à Sophie, mais un peu encombrant, malgré tout. Sur les épaules d'une fliquette appelée à disposer de tous ses moyens physiques en cas de pépin, je trouve ça un peu... incongru, non ? En tout cas, moi, je crois que je vais éviter de succomber à l'appel du moment des sirènes de la mode. Trop voyant, de toute façon. À moins que tout le monde ne se mette vraiment à en porter, bien sûr. Mais je n'y crois pas. À mon humble avis, le coup de pub finira en feu de paille. Vous prenez les paris ?

Alex commençait sérieusement à s'agacer de l'ampleur que prétendaient prendre les capes Édépée dans les conversations du consommateur normalement influençable.

– La mode, on s'en fout. Pourquoi nous avez-vous

demandé de vous rejoindre précisément ici ?

– Parce que la mode mène à tout, justement, à condition de savoir prendre du recul. Le recul de l'observation par procuration, par exemple.

– Vous pourriez être un peu plus claire ?

– Abstraction faite de son âge apparent – environ la trentaine – et du fait qu'il s'agit d'une très belle femme aux cheveux noirs comme le jais et coupés mi-longs – mais les perruques ne sont pas pour les chiens –, celle qui a embarqué Jérôme Louverture dans cette histoire, selon mes divers témoins, portait à chacune de leurs rencontres répertoriées un ensemble cuir à perfecto et minijupe fendue sur les côtés particulièrement sexy et bien taillé. Selon moi : un modèle hors de prix conçu par un jeune couturier de prêt à porter italien qui n'a pas encore les moyens de s'offrir une boutique parisienne sur les Champs-Élysées, mais ça viendra. En attendant, sa marque a pignon sur rue exclusif dans le Ve arrondissement, à trois minutes à pied d'ici.

CHAPITRE XVII

Ritournelles de charme entonnées par diverses voix d'or et distillées en sourdine par des haut-parleurs qu'on ne voyait pas ; affiches de festivals culturels et autres manifestations prestigieuses ayant émaillé le blason de la péninsule au cours des douze derniers mois ; photos de mode consacrées à la production du couturier et à des marques d'accessoires exclusivement transalpines, sous contrat avec la maison : tout dans la boutique fleurait bon le luxe et la volupté à l'italienne, y compris le physique de la vendeuse, superbe brune à la crinière ondulante et au soutien-gorge pigeonnant abondamment garni.

Mais l'habit ne faisant pas toujours la nonne, ça se gâta quand elle jugea le moment venu d'ouvrir la bouche sur un « je peux peut-être vous aider », dix minutes après l'entrée des deux clientes dont l'une en cape Édépée, accompagnées d'un grand échalas à demi chauve et à lunettes d'un look désespérément quelconque à son goût, qui suivait sans conviction les deux femmes parmi les rayons : la fille parlait le français avec un accent tout ce qu'il y a d'hexagonal que Sophie, qui avait de la famille dans le secteur, estima issu du Bas-Poitou, voire de la Charente.

– Ce modèle est... intéressant, répondit celle-ci. Il a du succès ?

Elle désignait – et pour cause – un ensemble cuir à perfecto et minijupe bilatéralement fendue.

– On ne peut pas franchement dire ça, fit la vendeuse. Il faut avouer que ce n'est pas forcément facile à porter. Ce serait pour vous, ou plutôt pour votre amie ?

Sophie jugea que le « plutôt » était de trop. Certes la silhouette d'Édith Ollivier était un gros tantinet plus élancée que la sienne, avec une bonne tête de plus, mais...

– Le problème, ce sont les fentes de la jupe, enchaîna l'indélicate. Elle est déjà très courte, comme vous l'aurez remarqué. Sur quelqu'un, disons... d'un peu plus trapu que... votre amie, ça peut très vite devenir vulgaire.

Le clou était enfoncé. Sophie lutta pour s'abstenir de rétorquer à la donzelle que vu sa conception de la diplomatie mercantile, elle n'avait a priori que peu d'avenir dans une profession où la grande majorité des clientes assez friquées pour s'offrir ce genre d'oripeaux étaient rarement de toute première fraîcheur et dotées de mensurations à arpenter les podiums.

– Ce serait peut-être pour moi, intervint la détective pour étouffer dans l'œuf la menace de pugilat. Mais tout dépend de ce que vous avez déjà vendu. Je ne tiens pas à porter la même chose que ma voisine de palier.

La vendeuse manifesta son étonnement d'un sourcil en accent circonflexe.

– Vous avez la silhouette, c'est vrai, mais vous êtes sûre que c'est votre style ?

Elle détaillait d'un regard dubitatif les lignes strictes du tailleur passe-partout.

– Ça, c'est seulement pour mon travail, assura Édith. Pour le moment, je n'ai vu ce modèle qu'une seule fois dans Paris.

– C'est normal : on n'a vendu qu'un ensemble depuis qu'il est sur le marché.

– Et vous pouvez me dire à qui ? N'y voyez aucune curiosité déplacée. C'est simplement pour m'assurer que cette indésirable ne vit pas dans le même quartier que moi.

– Mais... hésita la vendeuse. Ce n'est pas dans les habitudes de la boutique. Il faudrait que je demande au patron et en ce moment il est à l'hôtel avec sa maîtresse. Hors de question que je le dérange, même sur son portable.

– Dommage, vraiment dommage, insista Édith.

– Si ça ne se vend pas, c'est peut-être à cause du

prix, essaya Sophie pour aider à déstabiliser l'ennemi. Je voudrais pas dire, mais l'étiquette, là, elle est carrément illisible.

– Mille sept cents euros.

– Ah quand même !

– Quand on a le coup de foudre, on ne compte pas ! trancha Édith. C'est une cliente régulière ?

– Ben...

– C'est vous qui l'avez servie ?

– Pas de risque que ce soit quelqu'un d'autre : je suis la seule vendeuse et le patron n'est jamais là depuis qu'il s'est fait mettre le grappin dessus par cette...

– Allez, faites un effort. Si vous pouvez m'assurer qu'elle habite à l'autre bout de Paris, je suis acheteuse.

De guerre lasse, la vendeuse capitula.

– Je ne l'avais jamais vue avant et elle n'est pas revenue depuis. Ça remonte à... oui, une dizaine de jours avant la fin juin. Une belle femme, grande, de l'allure, très brune. Je ne connais ni son nom ni son adresse, elle a réglé en liquide.

– C'est très embêtant, ça. Comment voulez-vous que je prenne le risque ? Désolée.

– Je me souviens qu'elle m'a dit qu'elle achetait cet ensemble pour une soirée le samedi suivant : l'inauguration d'un nouveau club privé dans le XVIe, je ne me rappelle plus le nom. Elle habite peut-être là-bas. Ils se fréquentent entre eux, ces gens-là. Euh... excusez-moi. Vous êtes du XVIe, vous ?

– Pas précisément.

– Alors c'est bon !

– Ne nous emballons pas, tempéra Édith. La fois où j'ai vu cette femme avec l'ensemble sur le dos, c'était dans le VIe, c'est-à-dire pas loin de chez moi. Vos renseignements sont trop imprécis pour que je me lance en toute tranquillité. Tant pis.

Elle prit sans autre forme de procès la direction de la sortie.

Gribovitch et Sophie lui emboîtèrent le pas...

– Vous n'avez jamais songé à faire du théâtre ou du cinéma ? s'enquit Sophie quand ils se furent éloignés du magasin.

Édith Ollivier la toisa d'un regard amusé qui englobait Alex.

– Je suis détective et vous êtes flics tous les deux, rappela-t-elle. Ça vous donne les avantages non négligeables de la fonction publique, et à moi ceux de revenus nettement plus grassouillets. Mais l'un dans l'autre, on fait le même métier. Ne me dites pas que vous n'avez jamais usé de ce genre de méthodes pour faire bavarder une pauvre fille dépassée par les événements.

– Pourquoi avez-vous attendu aussi longtemps pour

commencer à exploiter concrètement cette piste ? éluda Gribovitch.

– Parce que vous avez pour le moins tardé à vous manifester, je vous l'ai déjà dit. Sur ce plan-là au moins, je voulais que nous soyons ensemble sur la ligne de départ. C'est comme ça que j'envisage une collaboration saine et équitable.

Alex et Sophie échangèrent un bref regard. L'argument tenait la route.

Il y avait cependant un bémol à l'équité des positions : Édith Ollivier ne leur avait pas encore lâché un iota sur la nature de ses autres munitions.

CHAPITRE XVIII

Quand ils franchirent tous les trois le seuil de la rue de Lutèce, la détective esquissa un sourire à peine perceptible que ne manquèrent pourtant pas de remarquer Gribovitch et Sophie.

Aucune signalétique n'y avait jamais affiché « Affaires Spéciales », mais de toute évidence, comme l'avait dit Sophie à Griffon, Édith Ollivier n'en avait pas besoin pour savoir quelle unité très particulière était hébergée dans cette annexe discrète de la préfecture de police. Continuer à jouer au secret de Polichinelle confinait au ridicule labellisé.

– C'est carrément une épidémie, chez vous. Autant porter l'uniforme, pendant que vous y êtes ! fit la jeune femme tandis qu'ils traversaient la réception où Karine s'obstinait à tenir sa cape Édépée à portée de main sur le dossier de sa chaise, comme si un indélicat pouvait la lui dérober à tout moment.

Sophie, en train de se délester de la sienne pour

l'accrocher au portemanteau, ne releva pas.

En revanche, elle nota le repli éperdu autant que stratégique de Griffon dans son bureau personnel, porte aussitôt refermée derrière lui. Le capitaine du navire s'était certes résigné à accepter un passager clandestin au bénéfice supposé de l'enquête, mais pas au point de lui souhaiter la bienvenue en grandes pompes.

Anne Baroux, elle, se contenta de stigmatiser la présence de l'intruse d'un raclement de gorge qui voulait tout dire.

– On a encore une fois besoin de votre boîte magique à renseignements ultra-rapides, Anne, lui signifia Gribovitch pour tenter de détendre l'atmosphère un peu crispée.

– C'est au moins reconnaître qu'une professionnelle assermentée est plus efficace qu'une amatrice du dimanche, persifla la sollicitée. De quoi s'agit-il ?

– D'un club privé, sans doute genre boîte de nuit pour noctambules triés sur le volet ou quelque chose d'approchant, dont l'inauguration aurait eu lieu le dernier samedi du mois de juin quelque part dans le XVIe. Tout ce que vous pourrez glaner sur l'établissement sera précieux : identité du ou des propriétaires des murs, nom du dirigeant, actionnaires, statut juridique, financements, clientèle, etc.

– Et je suppose que vous voulez ça pour hier matin, comme d'habitude ?

– Les résultats dans une heure, ça vous semble envisageable ?

– Pourquoi précisément une heure ?

– Parce que vous adorez les challenges impossibles. Si on vous en offre deux, vous considérerez ça comme un boulot de routine, et vous ne donnerez pas toute votre mesure.

– Dans une heure montre en main ! trancha Anne Baroux, piquée au vif.

La lueur de défi dans ses yeux garantissait déjà le succès.

CHAPITRE XIX

Finalement, plutôt que de patienter sur place – d'autant que Griffon persistait à jouer les ours en hibernation prématurée derrière sa porte close –, Gribovitch et Sophie entraînèrent Édith Ollivier de l'autre côté du pont Saint-Louis, sur l'île du même nom, dans un café où ils avaient pris récemment leurs habitudes.

Aussi loin que remontaient les souvenirs de Sophie, son coéquipier avait toujours eu la petite sœur de l'île de la Cité en aversion, en raison de ce qu'il estimait être une propension de ses habitants privilégiés au ghetto revendiqué. Mais de fil en aiguille, elle était parvenue à lui faire réviser ses préjugés. Le déclic final s'était produit à l'occasion de leur filature commune d'un indic douteux qui, en sortant des Affaires Spéciales, était passé d'une île à l'autre et s'était précisément arrêté dans le même bistrot. Au bout du compte, l'indic s'était révélé fiable, et le côté village de province en plein Paris, accentué par la convivialité qui régnait dans le bar entre couple gérant et clientèle du cru, avait contre toute attente séduit Alex qui ne laissait plus une semaine s'écouler sans aller au moins une fois y boire une bière, parfois sans Sophie, tout en discutant le coup avec trois ou quatre des habitués.

Vu l'heure qui sonnerait bientôt le glas de la matinée, Gribovitch commanda un sandwich et une blanche avec sa rondelle de citron. Édith et Sophie l'imitèrent côté solide, mais optèrent pour un Perrier.

Les relations locales d'Alex, qui en étaient à l'apéro depuis déjà un bon moment à en juger par le niveau sonore et le décousu de leurs conversations, s'avisèrent que leur voisin de Seine était en compagnie et ne se manifestèrent pas.

– Vous ne nous avez pas encore dit ce qui vous a amenée à choisir ce boulot, attaqua Sophie à brûle-pourpoint après avoir avalé sa première bouchée.

Édith déglutit la sienne avant de répondre.

– Le hasard. À vingt-quatre ans bien sonnés, j'en étais encore à traîner ma misère existentielle d'étudiante en droit dilettante, entre la fac de Bordeaux et les soirées branchées de la ville. Pas de projet, pas d'amoureux digne de ce nom, et des parents petits-bourgeois qui s'accommodaient à peu près de voir leur fille glander en pure perte, tant qu'elle restait plus ou moins dans leur giron sans créer de problèmes.

Surtout ma mère. Pour ne rien vous cacher, à terme, elle me voyait très bien en épouse docile d'un quelconque rejeton de la classe des négociants en vin de la région.

– Quelle forme a-t-il prise, le hasard ?

– Celle d'une petite annonce dans la presse. Une agence de détectives parisienne cherchait une ou un stagiaire diplômé en droit. J'avais, sans effort ni mérite, décroché ma licence. Aucun atome crochu ne m'appelait a priori vers ce genre de boulot, mais c'était pour moi l'occasion de m'aérer la tête et surtout de quitter Bordeaux. Ma mère a pleuré toutes ses larmes de crocodile et mon père s'est dédouané d'une charge morale qu'il commençait à trouver encombrante en m'offrant un bail de trois ans dans un studio du quartier Montparnasse, avec de quoi survivre décemment pendant au moins un an sur mon compte en banque. Pendant mon stage, j'ai joué le jeu à fond, plus par défi personnel que par vrai désir de réussir. Deux mois plus tard, le patron de l'agence me faisait enregistrer comme enquêteur à part entière. J'y suis restée deux ans, et un autre hasard m'a poussée à me mettre à mon compte : une affaire urgente et compliquée pour une compagnie d'assurance, que le patron a refusée faute d'effectifs disponibles. Je m'y suis collée et j'ai démêlé le sac de nœuds en moins de deux semaines. Depuis, comme vous le savez, ça va plutôt bien pour moi. Ce premier client m'a fait une pub d'enfer dans son cercle de relations, et les missions se sont enchaînées.

– D'autant que vous avez rapidement mis au point votre petit système de collaboration occulte avec la police, pour celles des enquêtes qui flirtaient avec le pénal. C'est bien ça ?

– Ça a bien aidé à ma réputation, en effet. Les flics concernés y trouvaient généralement leur compte, et mes clients également. Négocier preuves en mains un accord à l'amiable avec un assuré en délicatesse avec la loi, c'est plus facile. Vous avez donc réussi à percer le mystère de mes petits arrangements avec certains de vos collègues ?

– Non. Le secret est jusqu'ici bien gardé, et même votre fiche aux RG ne fait aucune allusion à ce genre de procédé. Mais la façon impériale dont vous « jouez » avec nous aurait tendance à me faire penser que vous n'en êtes effectivement pas à votre coup d'essai.

– Dois-je prendre ça comme un compliment, ou comme un reproche ?

– Jusqu'à nouvel ordre, plutôt la première option. Mais pour qu'Alex et moi restions en bonnes dispositions à votre égard, il va falloir que vous nous donniez un peu plus de grain à moudre, et sans trop tarder. Cette histoire de club privé des beaux quartiers ne mènera sans doute nulle part. Les jolies filles invitées à ce genre de soirée — ou qui s'y invitent toutes seules – sont légion, et nos chances de remonter par ce biais-là jusqu'à Miss Cuir sont minces, vous le savez très bien.

– L'avenir proche nous le dira, fit la détective en haussant les épaules. De toute...

Elle s'interrompit. Le portable de Gribovitch sonnait dans la poche de poitrine de son blouson.

Il prit l'appel.

– Ça fait plus d'un quart d'heure que j'ai réuni les informations que vous m'avez demandées et au-delà ! s'impatientait la voix d'Anne Baroux. Soit sept minutes avant l'expiration du délai imparti. Vous rappliquez, ou bien faut-il que je vous les tape en trois exemplaires et que je vous envoie le tout par coursier à l'autre bout de Paris !

– On est là dans cinq minutes, répondit Alex en écrasant son mégot de Gitane blonde. Anne, si vous n'existiez pas, il faudrait vous procréer de toute urgence.

CHAPITRE XX

Griffon, cette fois – s'il ne se fendit pas de la moindre civilité à l'égard de la détective –, resta visible et bien visible, trônant en patriarche au bout de la table de réunion. Gribovitch et Sophie en déduisirent qu'Anne Baroux lui avait déjà touché deux mots sur les résultats de ses investigations téléphoniques, et que la moisson était plus qu'intéressante.

– Allez-y, Anne, fit-il quand les trois retardataires se furent installés. Vous avez fait du bon travail qui rachète sans aucun doute les errements de méthode que nous ont encore une fois imposés vos deux collègues.

Alex et Sophie restèrent de marbre : ils avaient l'habitude de ce genre de pique et ne s'en formalisaient plus depuis longtemps. Quant à Édith Ollivier, elle se contenta d'un sourire sibyllin que le patron des Affaires Spéciales encaissa d'un double écrasement de prémolaires sur le capuchon de stylo du moment.

Anne Baroux bicha comme un pou et s'éclaircit la voix, très professorale.

– L'établissement, sis place Victor-Hugo, au sous-sol d'un immeuble résidentiel par ailleurs fort honorablement peuplé, est en effet une boîte de nuit à laquelle on ne peut accéder que sur cooptation émanant exclusivement de membres du premier cercle fondateur. Le syndic de copropriété n'en a avalisé l'installation qu'à cette garantie expresse et au vu d'un devis de travaux d'insonorisation qui s'est apparemment avéré sérieux, puisqu'aucune plainte n'a été formulée depuis l'ouverture. La soirée d'inauguration a bien eu lieu le samedi 25 juin, à partir de vingt-deux heures.

– Aucun autre baptême de ce genre ce soir-là dans le XVIe arrondissement ? s'enquit Gribovitch.

– Aucun, répondit sèchement Anne Baroux. S'il y avait eu plusieurs possibilités, j'aurais dit « l'un des établissements ».

– Autant pour moi, concéda Alex.

– Les dépendances de sous-sol ont été rachetées une à une aux autres propriétaires, à prix d'or, par un monsieur quasi centenaire dont l'appartement occupe tout le dernier étage. Un certain Maxime Pardieu, ex-industriel du textile. Évidemment un homme de paille piloté par un tiers. Vu son âge, ce Pardieu n'avait que peu de raisons de s'intéresser à un tel projet.

– Et vous avez forcément dégoté l'identité du

« pilote », dit Sophie sans le moindre doute sur la réponse.

– Louis Brochard, cinquante-neuf ans, célibataire, ancien commerçant dans le secteur des vins et spiritueux, neveu par alliance du susdit. Aucune fortune personnelle significative, du moins déclarée. Les fonds émanent d'adhérents à une association qu'il préside. La structure juridique gestionnaire du club est de type société anonyme, dont Brochard est le président-directeur général. Je précise que *tous* les actionnaires du club sont des adhérents fondateurs de l'association. Vingt-sept au total, à peu près à parité d'hommes et de femmes.

– Quel genre d'association ? s'informa Édith Ollivier.

Anne Baroux consulta Griffon avant de répondre. Celui-ci l'engagea à poursuivre d'un geste agacé de la main.

– Confessionnelle, si l'on peut dire. L'ECIJ, ou *Entente Cordiale de l'Illumination dans la Joie*. Elle échappe encore au fichier officiel des sectes par défaut d'éléments tangibles sur ses méthodes de recrutement, mais c'est limite. Une question de temps, rien de plus, d'après ce qu'on m'a dit.

– Une putain de secte, marmonna Sophie qui se souvenait d'une certaine affaire remontant déjà à six ans[1].

1. Voir *Les Vestales de l'Apocalypse*, Police des Mœurs n° 135.

– Jamais entendu parler, dit Alex.

– Moi, si, fit Édith. Plusieurs compagnies d'assurance ont eu des problèmes avec certains des adhérents récents à l'ECIJ, qui résiliaient sans préavis la totalité de leurs contrats sous prétexte que les biens matériels ne représentaient plus rien pour eux. Pas des gens riches à proprement parler, mais assez nantis pour faire des proies potables. Je n'ai pas eu d'échos sur les suites éventuelles. En tout cas on ne m'a pas demandé d'enquêter sur ce genre d'affaire.

– Si une « invitée » peut se permettre de me griller l'herbe sous le pied, s'énerva Anne Baroux, je ne vois pas pourquoi je m'escrime à faire correctement mon travail.

– Excusez-moi de savoir des choses que tout le monde ici semblait ignorer jusqu'à ce jour, persifla la détective.

– Poursuivez, Anne, soupira Griffon.

Anne Baroux avala sa salive.

– Le message véhiculé par l'ECIJ est assez simple : Dieu est partout, et surtout sous la ceinture des hommes et des femmes, qui sont invités à s'entendre le plus cordialement qui soit, c'est-à-dire en copulant à tout va dans l'illumination de la joie des sens.

– C'est pas forcément si con que ça, comme programme, intervint Gribovitch. En d'autres temps, on disait : « Faites l'amour, pas la guerre. » C'est un peu de la même eau, non ?

– À la différence près que le mouvement hippie faisait vraiment abstraction des biens de la société de consommation. Mis à part quelques escrocs comme il s'en fourre partout, il n'y avait pas de gourou pour récupérer les billes des moutons bêlants et les placer sur le marché de la spéculation boursière.

– C'est ce que fait Louis Brochard ?

– Et probablement une bonne partie des vingt-sept adhérents fondateurs. La Financière est sur le coup depuis des mois, sans résultat probant pour le moment. De toute évidence, la boîte de nuit a été créée pour trois objectifs : s'envoyer en l'air à l'abri des regards indiscrets, recruter de nouveaux adhérents — à mon avis surtout des adhérentes — par le biais des soi-disant cooptations pourvoyeuses de chair fraîche, et offrir au mouvement une vitrine commerciale légale qui d'une manière ou d'une autre constituera un maillon dans une chaîne de blanchiment d'argent. Mais pour en revenir à la raison initiale de cette enquête, je vous ai gardé la cerise sur le gâteau pour la bonne bouche.

Le patron des Affaires Spéciales fit craquer ses doigts.

– Concluez, Anne, s'il vous plaît.

– L'une des adhérentes principales de l'ECIJ, et par ailleurs actionnaire du club privé, se fait appeler Florence Ney. Ces deux dernières années, elle a vendu en Île-de-France, au porte-à-porte, des machines censées faire maigrir, soi-disant importées d'Extrême Orient. Dans l'illégalité la plus totale. Aucune trace d'elle sur aucun registre du commerce, ni même à l'état civil. Tout est bidon, y compris son adresse figurant aux statuts de la société. Cette femme, du moins sous ce nom-là, n'existe pas. C'est le seul cas du genre dans le tour de table des actionnaires. La dernière plainte déposée par une gogo remonte à début juin. Depuis, plus rien. Elle se faisait régler uniquement en liquide, bien sûr.

– Miss Minijupe, murmura Édith Ollivier.

– Vous dites ? s'enquit Griffon.

CHAPITRE XXI

Dix-sept heures cinquante. Gribovitch écrasa un énième mégot de Gitane blonde dans le cendrier qui menaçait de déborder. Du bout des doigts, il se massa le front en grimaçant. Non seulement son organisme était saturé de nicotine, mais les échecs successifs de l'après-midi avaient fini par lui coller une barre en travers de la tête. L'horreur. Même les deux cachets de paracétamol fournis par Anne Baroux n'y avaient rien fait.

Celle-ci – cheville ouvrière insurclassable de ce genre de recherches – n'avait pourtant pas lésiné pour tenter de dénicher ne serait-ce qu'un début de piste sur la mystérieuse Florence Ney – pour le moment, il était préférable d'éviter la moindre démarche en direction de l'ECIJ, sous peine de déclencher l'alerte auprès de l'intéressée. Sous les yeux d'Alex et de Sophie qui se contentaient de l'épauler moralement, elle avait tout essayé en dehors des organismes officiels dont elle savait déjà qu'ils n'avaient jamais eu la moindre trace d'une Florence Ney correspondant aux données figurant sur les statuts de la société anonyme gestionnaire du club de la place Victor-Hugo. Rien du côté des agences immobilières, des associations sportives, des instituts de beauté, des boutiques de luxe, des abonnements presse, des opérateurs téléphoniques et de toute autre structure censée baliser d'une fiche en bonne et due forme la vie quotidienne du citoyen lambda.

Littéralement, effectivement, cette femme n'existait pas.

À bout de nerfs, Gribovitch prit Sophie à l'écart.

– On se fait chier en pure perte, grommela-t-il, alors qu'Édith en sait peut-être davantage sur cette fille qu'elle le prétend. Si Griffon, après le topo d'Anne Baroux, ne l'avait pas gentiment priée de s'éclipser pour nous laisser bosser entre nous...

– Tu penses que... son numéro à la boutique de fringues n'était destiné qu'à nous faire croire qu'on se retrouvait avec elle sur la même ligne de départ, comme elle dit?

– Je ne sais pas, mais... c'est une possibilité. Auquel cas, si on l'avait gardée avec nous cet après-midi, elle aurait peut-être lâché le morceau. Griffon a foiré sur ce coup-là, en lui signifiant que *nous* étions les maîtres des modalités de la collaboration, et pas elle. Si elle l'a mal pris et qu'elle a de l'avance sur nous concernant cette Florence Ney, elle risque de réviser sa position et de jouer cavalier seul dans le seul souci de satisfaire la compagnie d'assurance, et on l'aura dans l'os. Bon, j'en ai marre. Je me casse. Tu restes encore un peu avec Anne Baroux pour lui éviter le syndrome de la désertion en masse ?

– OK. On se retrouve rue Bernache et on fera le point sur nos chances de récupérer le coup avec Édith, au cas où tes craintes seraient fondées...

Gribovitch soupira de soulagement, et la barre derrière son front s'estompa comme par enchantement : la détective était là, plantée près de la bouche du métro Cité, et elle regardait dans sa direction d'un œil narquois. Si elle avait poireauté dans le secteur tout l'après-midi en dépit de la météo plutôt frisquette, c'est que la bourde de Griffon à son égard ne portait pas à conséquences. Il la rejoignit.

– Ça débauche toujours à dix-huit heures pétantes, un fonctionnaire de police, ou bien c'est un hasard ? ironisa-t-elle.

– Vous m'attendez depuis que le boss vous a foutue dehors ? éluda Alex.

– Non, évidemment. À peine un quart d'heure que je suis revenue. Une idée, comme ça.

– Laquelle ?

– Celle de vous inviter à prendre l'apéro chez moi.

Je pourrais en profiter pour vous montrer quelque chose que je n'ai pas sur moi.

– Qui concerne notre affaire ?

– Qui sait...

– Dans ce cas, j'appelle Sophie pour qu'elle rapplique.

– Je comptais l'inviter elle aussi, si elle était sortie avec vous, mais... est-ce vraiment nécessaire ?

– C'est mon équipière, non ?

– Et alors ? Vous lui ferez votre rapport plus tard, c'est tout.

– Bon, OK.

– Alors pourquoi sortez-vous votre portable ?

– Je l'appelle quand même pour la prévenir. On se partage la même maison et on devait s'y retrouver pour faire le bilan de la journée.

– Inséparables... *à ce point-là* ? minauda Édith.

– Pas au point que vous insinuez. Excusez-moi.

Il s'éloigna pour téléphoner.

CHAPITRE XXII

– Ça doit vous changer de votre ex-studio, fit Gribovitch en découvrant le vaste séjour de l'appartement. Même si déménager du quartier Montparnasse jusqu'à la rue Garancière ne relève pas spécialement de l'expédition échevelée. Combien de pièces ?

– Quatre pour cent vingt mètres carrés, répondit Édith Ollivier.

– Pas mal, pour une célibataire.

– Confortable, je l'avoue. Et vous, votre colocation avec Leclerc ?

– Copropriété. On n'a pas à se plaindre non plus. Sauf qu'une maison tout près de Bastille, même financée à deux...

– Vous n'avez jamais songé à défroquer pour vous associer dans le privé ? Question rentabilité, pourtant, quand on sait se faire une clientèle...

– Ça nous arrive parfois, quand les dessous du turbin sentent vraiment trop le frelaté, mais ça ne dure pas. Pour ce qui me concerne, j'avoue que les sirènes du libéralisme n'ont jamais chanté trop fort à mes oreilles. C'est quoi exactement, ce que vous souhaitez me montrer ?

La détective esquissa son petit sourire habituel.

– Chaque chose en son temps. Qu'est-ce que vous prenez ?

– Whisky, vous avez ?

– Pur malt irlandais, douze ans d'âge. Ça vous va ?

Alex acquiesça d'un hochement de tête. Édith posa la bouteille et deux verres sur la table basse et sembla provisoirement s'en désintéresser.

– Installez-vous, fit-elle en tirant une enveloppe d'un dossier.

Elle en sortit une photo qu'elle tendit à son invité.

– Le meilleur tirage que j'ai pu obtenir d'un cliché numérique pris avec un téléphone portable, précisa-t-elle. L'appareil appartient à l'un des témoins d'occasion que j'ai réussi à dénicher. Il s'amuse à photographier les filles sexy qui passent dans son champ de vision.

Gribovitch examina l'agrandissement à la définition plus que sommaire : une indéniable belle plante en minijupe fendue et perfecto, prise de profil, mais dont la coupe brune au carré masquait trop le visage pour qu'on pût en tirer quoi que ce soit.

– C'est... tout ? ironisa-t-il.

– Je sais, c'est maigre, confessa Édith. Du moins au

premier abord.

– C'est-à-dire ?

– Il y a son allure. Cette fille a une certaine prestance, non ? En tout cas, moi, je suis capable d'en déduire pas mal d'informations sur la façon dont elle bouge, sur ses comportements habituels.

– À partir de cette seule photo ?

– Oui. Les femmes sentent ce genre de chose. Et en particulier quelqu'un comme moi, qui passe une bonne partie de son temps à observer les gens pour le boulot.

– Mais de là à savoir qui c'est... D'autant que s'il s'agit bien de Florence Ney, je vous rappelle que cette identité est aussi bidon qu'un billet de Monopoly. Au bureau, on a bouffé l'après-midi à essayer de percer la cuirasse. Rien.

– Il y a d'autres moyens de remonter jusqu'à un suspect que son pedigree.

– Certes. Vous pensez à quoi, en l'occurrence ?

Nouveau sourire sibyllin de la détective.

– Je vous laisse servir et je reviens, fit-elle.

Elle se saisit de son sac à main besace, qu'Alex avait jugé, en la retrouvant près du métro Cité, nettement plus rebondi que le matin au Jardin des Plantes, puis disparut dans une autre pièce.

Gribovitch remplit les deux verres au tiers de leur capacité et patienta en allumant une Gitane blonde.

Quand Édith Ollivier réapparut, il faillit en laisser

tomber sa cigarette entre ses cuisses sur le canapé de velours.

La jeune femme, pieds nus, débarrassée de son fond de teint à la pâleur excessive, portait une mini-jupe de cuir et le haut assorti, ainsi qu'une perruque très brune, et elle n'avait plus du tout la même allure : elle bougeait, effectivement, comme aurait pu le faire la fille de la photo — du moins Alex le supposait-il.

– Je n'ai pas pu résister à cet ensemble malgré son prix, minauda-t-elle. Je suis retournée l'acheter. Il me va bien, non ? Je me sens comme... transformée.

– Qu'est-ce que vous avez derrière la tête, Édith ? s'enquit Gribovitch après avoir écrasé son mégot dans un cendrier.

– Derrière la tête... faut voir. Mais à l'intérieur de ce truc, j'ai... ça. Qu'est-ce que vous en dites ?

Elle venait subitement d'ouvrir le perfecto sur ses seins nus.

CHAPITRE XXIII

Des seins plus que magnifiques, d'un galbe que n'avaient laissé supposer jusqu'ici ni le tailleur strict, ni le sweat-shirt un peu trop grand qu'elle portait lors du premier rendez-vous.

Les tétons en étaient déjà fièrement dressés, mais apparemment, cette démonstration de bonnes dispositions ne suffisait pas à la jeune femme, qui se les roula entre pouce et index pour en parfaire l'érection.

Gribovitch se précipita sur son verre de whisky pour tenter de museler le début d'incendie qui gagnait le tréfonds de ses entrailles, mais l'alcool – à moins d'un dosage massif – étant comme chacun sait dans ces cas-là inflammable et de surcroît pyrogène, les dégâts ne firent que redoubler.

Le contenu de sa braguette n'était plus qu'un brasier.

Ce dont, perspicace et sûre de ses atouts, Édith s'aperçut immédiatement d'un œil mutin.

En chaloupant du bassin tel une pute sur le pont

d'un navire par gros temps, elle s'approcha et colla son genou droit au sinistre.

– Vous êtes... tu es sûre qu'on est obligés d'en passer par là ? bredouilla Alex.

– Ne me dis pas que tu pratiques l'abstinence en service commandé, susurra la questionnée, sinon je n'aurai jamais plus confiance dans la parole d'un fonctionnaire assermenté.

Gribovitch resta évasif d'un « ben... » qui prêtait le flanc à toutes les interprétations.

Sa main droite, comme prise d'un soudain désir d'autonomie, reposa le verre vide sur la table basse et remonta contre la cuisse gauche d'Édith. Elle rencontra très vite une fesse aussi nue que les seins, qu'elle épousa d'une caresse eucharistique.

C'était ferme, nom de Dieu, c'était ferme...

Puis les doigts, à défaut de slip, poursuivirent à la recherche d'un string hypothétique mais ne rencontrèrent que la douce moiteur épidermique de la raie des fesses, prouvant sans conteste que la coquine ne portait pas plus de cache-sexe que de soutien-gorge.

– Veux-tu bien m'ôter cette main au panier sur laquelle je ne saurais m'asseoir, vilain sacripant ! Quand je joue à domicile, c'est toujours moi qui mène la première action. Et là, ça urge, sinon va y avoir apoplexie dans les vestiaires. Bon, j'aère pour éviter le SAMU.

Sitôt promis, sitôt exécuté : Édith s'agenouilla et

dézippa la braguette en un tournemain. Le bouton de ceinture du jean sauta de lui-même, incapable de résister à la pression interne.

D'un geste réflexe, Alex souleva ses fesses du canapé. L'instant d'après, son fute jouait de l'accordéon sur ses chevilles, accompagné par son slip.

– Un petit air de flûte s'impose pour corser la mélodie, décida Édith. Mais avant, faut assouplir un peu le bec, sinon va y avoir des fausses notes.

Pour ce faire, elle usa de ses tétons – le droit puis le gauche – qui cajolèrent amoureusement le bout du gland distendu d'une caresse très appuyée.

Gribovitch, à travers ses lunettes charmées, assista au spectacle d'un œil comblé.

– Et maintenant faut humidifier, continua la musicienne. Un instrument trop sec, ça joue sec. Et la sécheresse, cette année, on a déjà donné.

Puis elle se tut, car elle avait la bouche pleine jusqu'aux amygdales.

Ses lèvres remontèrent jusqu'au gland, qu'elles libérèrent lentement, millimètre par millimètre. La pointe de sa langue s'agita tout d'abord doucement, puis frénétiquement, au creux de la cavité de l'orifice intime.

Et la goulue engouffra de nouveau le tout, sauf les couilles qu'elle malaxait de ses doigts aussi redoutables qu'experts.

Nouvelle libération, très provisoire.

– J’ai plus envie de whisky, finalement. Pas assez liquoreux à mon goût, comme apéro. C’est toi qui me l’offres, OK ?

Gribovitch n’était plus en état de palabrer. Elle pouvait le pomper jusqu’à l’os si ça lui chantait. Il était pour. Foncièrement pour.

Elle le pompa donc.

Et le branla en même temps.

Tant et si bien qu’au bout d’une poignée de minutes, Alex lui déchargea une considérable giclée de foutre dans la bouche, qu’elle avala en roulant des yeux. Elle garda la seconde pour ses seins, à titre de baume onctueux qu’elle s’étala à pleine paume comme de la crème à bronzer.

– T’as soif de plus fruité que du pur malt, toi aussi ? s’enquit-elle ensuite.

Gribovitch ne répondit pas, vu qu’Édith s’était déjà redressée pour escalader le canapé, remontant sa minijupe pour lui offrir sa chatte à déguster.

CHAPITRE XXIV

Rien de tel qu'une fontaine bien entretenue pour étancher sa pépie, avec des abords immédiats savamment débroussaillés mais sans excès de zèle.

Juste ce qu'il faut de poils pour fixer les odeurs intimes et chatouiller la narine du visiteur.

Gribovitch léchait le savoureux abricot d'Édith, l'embrassait à pleine bouche comme s'il roulait un patin dans une boum d'adolescents à une cavalière qui aurait eu une chatte à la place de la bouche et des fesses en guise d'épaules.

Et tout ça se trémoussait sous la papille et les caresses. Tout ça chantait le bonheur de la chair fraîche qui assume ses envies.

Le clito, surtout.

Ah, le clito d'Édith.

Un poème.

Une épopée en vers à lui tout seul.

Doux.

Juteux.

Réactif.

Une merveille.

Et un goût.

Un fumet !

La langue d'Alex ne s'en lassait pas.

Elle effleurait, titillait, enveloppait, comprimait.

À chaque pression un peu insistante, une petite salve de jus giclait et s'épandait, accompagnée d'un charmant cri aigu qui émanait de deux étages au-dessus.

Entre les deux, il y avait la poitrine d'Édith.

Parfois, elle fléchissait ses genoux pour descendre ses seins à portée de bouche et en profitait pour estimer de ses fesses préhensiles les progrès de la résurrection espérée.

Et Alex s'en gavait, de ses nichons formidables. Il les léchait, les aspirait loin derrière ses dents, pinçait les mamelons avec ses lèvres, les étirait, les relâchait, les suçotait, les couvait de sa langue en tuile.

Puis retour à l'étage inférieur, qui entre-temps s'était gorgé de gouttelettes parfumées qui ruisselaient au moindre frémissement de la langue sous le clito.

Gribovitch n'avait pas fait le compte exact, mais la détective avait déjà joui une bonne demi-douzaine de fois et ça ne parlait pas de s'arrêter en chemin.

– Ah ! Baise-moi ! Fous-moi la chatte et le cul ! Putain oui ! Bourre-moi, défonce-moi !

Ce demandant, Édith s'était complètement débarrassée du perfecto et s'occupait à présent d'enlever sa minijupe et sa perruque.

Alex en profita pour finir lui aussi de se déshabiller puis, constatant d'un œil expert que son outil était redevenu complètement opérationnel, il retourna l'excitée sur le canapé, lui creusa les reins d'une pression du coude et l'agrippa fermement par les hanches.

Hop, un petit coup bien à fond dans la chatte, pour lubrifier tout du long.

Trois ou quatre va-et-vient, extraction et vlan, dans le cul.

Ça rentra tout seul comme dans un tango parisien, sphincters de la demoiselle aussitôt refermés en étau de velours tout autour de la verge robuste.

Six allers et retours, cette fois.

Et paf, rebelote dans la chatte.

Édith n'avait plus rien d'un être humain : du séisme charnel à l'état brut.

Elle ondulait.

Gémissait.

Tressautait.

Râlait.

Ça monta inexorablement de part et d'autre, jusqu'à l'hallali.

Ils tutoyèrent les étoiles et s'écroulèrent sur le canapé, encore soudés.

Au moment fatidique, c'est dans le trou du cul

d'Édith que le gland d'Alex avait fait son nid.

De toute façon, elle n'avait pas vraiment de préférence...

– Y a aussi ça, que je voulais te montrer, même si je n'avais pas besoin de t'inviter chez moi vu que je les avais dans mon sac à main.

– Qu'est-ce que c'est ? s'enquit Gribovitch, pas encore revenu de son excursion intergalactique.

– Trois cartons d'invitation pour la prochaine soirée. Pendant que toi et Leclerc vous vous escrimiez pour rien, j'ai pas perdu mon temps cet après-midi, moi. Tu dînes avec moi et tu dors ici, j'espère ? Quand je commence une soirée sur d'aussi bonnes bases, j'ai toujours un petit retour de fringale sur le coup des trois heures du matin.

Alex ne jugea pas utile de lui demander de quel genre de fringale il s'agissait.

CHAPITRE XXV

Gribovitch rentra rue Bernache à sept heures du matin, sur les genoux et les hormones aux abonnés absents pour au moins le reste de la journée. Le « retour de fringale » nocturne de son hôtesse s'était déclaré beaucoup plus tôt qu'annoncé, et particulièrement complexe à assouvir en dépit des multiples menus proposés, qu'elle avait engloutis l'un après l'autre dans toutes les positions possibles et imaginables.

Il trouva Sophie assise en vrac à la table de la cuisine commune, veste de pyjama ouverte sur ses seins nus et sans pantalon ni slip à l'étage en dessous. Signe d'une mauvaise nuit, mais vu l'extinction provisoire des feux de sa libido personnelle, son copropriétaire ne fit aucune allusion au manque de pudeur caractérisé.

– J'ai mal dormi, confirma-t-elle.

– Et moi donc.

– Ouais mais toi, je suppose que tu avais de très bonnes raisons pour ça, ce qui n'était pas mon cas. Le café est encore chaud. Désolée, j'ai bouffé le dernier croissant du congélo.

Gribovitch se contenta d'un grand bol et d'une Gitane blonde. Il s'était éclipsé en douce de chez la détective tandis qu'elle dormait encore, mais il avait avalé un pain au chocolat tout chaud acheté en chemin pour se remonter le taux de glycémie.

– En dehors de son cul, elle avait quoi à t'offrir, Miss Privée ? s'enquit Sophie en s'étirant, ce qui ne fit qu'aggraver l'exposition outrancière de ses appas.

– Une photo floue, un défilé à un seul mannequin et deux cartons d'invitation pour une soirée privée. Trois, plus exactement, mais elle s'en est gardé un pour son usage perso. Je suis également chargé de te demander si tu accepterais de lui prêter ta cape, pour la soirée en question.

– Tu pourrais être un peu plus clair, s'il te plaît ? Au saut du lit, j'ai un peu de mal avec les devinettes.

Gribovitch tira les deux bristols de sa poche intérieure de blouson et les posa sur la table entre la cafetière vide et les miettes de croissant.

CHAPITRE XXVI

– Vous pouvez me redire ça ? ! fit Griffon.

Gribovitch soupira et résuma les données du problème, comme il l'avait fait plus tôt avec Sophie qui avait réagi avec la même stupéfaction.

– Édith Ollivier s'est acheté la même tenue de charme griffée que notre suspecte n° 1, la perruque qui va avec, et elle s'est démerdée pour obtenir trois cartons d'invitation à la prochaine soirée du club auprès d'un adhérent du premier cercle de l'ECIJ, qui s'avère être également un petit assureur franchisé pour lequel elle a réglé un contentieux il y a un peu plus d'un an. La logique de tout ça me semble couler de source, non ?

– La cooptation hyper-sélective et la distribution de bristols à tout vent, excusez-moi, mais ça ne va pas très bien ensemble, souligna le patron des Affaires Spéciales.

– Cette détective est une comédienne de première

classe, intervint Sophie. Si vous l'aviez vue à l'œuvre, vous n'en douteriez pas. D'après Gribo, elle dit avoir simulé auprès de son ex-client un intérêt certain pour la philosophie de l'ECIJ, et lui a laissé miroiter, comme preuve de ses bonnes dispositions, l'éventualité de drainer également vers la mouvance de l'association un couple d'amis particulièrement fortunés.

Alex confirma d'un hochement de tête.

– Toute secte qui se respecte, poursuivit sa coéquipière, ayant pour but premier de prendre des gogos bourrés de fric dans ses filets, ces cartons d'invitation n'ont rien d'extraordinaire.

– Admettons, concéda Griffon. Ce sont les arrière-pensées de cette emmerdeuse qui me tracassent. Gribovitch a raison, quand il évoque la logique qui sous-tend une telle manœuvre. Il est évident qu'en s'infiltrant dans cette soirée avec le même look que la mystérieuse Florence Ney, au pire elle risque de tomber nez à nez avec la vraie et ça peut partir dans tous les sens sans le moindre contrôle possible, au mieux son foutu déguisement va soulever nombre de questions parmi les autres adhérents, avec d'éventuelles conséquences qui ne seront pas plus contrôlables. La politique du coup de pied dans la fourmilière pour espérer déloger la reine cachée ne me semble pas la plus sage des stratégies. D'autant qu'Édith Ollivier est une civile, si j'ose dire. Vous aurez beau être là tous les deux avec elle pour parer à un coup fourré, rien ne garantit que vous puissiez éviter les dégâts. Or je vous rappelle que s'il arrive quelque chose de définitivement fâcheux à une « civile » dans le cadre d'une enquête que *je* dirige, ça bardera sévère pour mon matricule, et pour le vôtre par la même occasion.

– C'est aussi ce que j'ai dit à Gribo, nota Sophie, mais ce n'est pas ce qui me dérange le plus. Là où je suis vraiment réticente, c'est sur le fait que cette fille mène sa barque à sa guise depuis l'instant même où elle nous a fait remonter jusqu'à elle, et que jouer les matelots pour un amiral qui ne me montre pas clairement son cap, ça me fait coincer quelque part. Elle a systématiquement une longueur d'avance sur nous, et elle sait où elle va, ce qui n'est pas notre cas. J'avais déjà des doutes sur le prétendu équilibre avec avantages mutuels de la collaboration, mais là, je n'y crois plus une seconde. Elle nous utilise pour lui tirer les marrons du feu, et, même si au bout du compte on parvient à résoudre grâce à elle l'affaire qui nous occupe, on ignore tout de la monnaie de la pièce. Le poker menteur, d'accord, ce ne serait pas la première fois. Mais avec en plus un bandeau sur les yeux...

– La longueur d'avance, c'est nous qui pouvons l'avoir, cette fois, rétorqua Alex. À son insu, elle m'a peut-être délivré des éléments qui nous conduiront jusqu'à la véritable identité de Florence Ney. Sincèrement, si ça se vérifie, je ne crois pas qu'elle ait pris conscience de cette possibilité, ou alors c'est qu'elle est encore plus tordue qu'il n'y paraît. Anne Baroux est toujours dispo, patron ? Si oui, elle réglera probablement la question en trois coups de cuiller à pot.

– Vous la trouverez dans son bureau.

– Parfait. Et si j'ai vu juste et que ça aboutit, je propose qu'on joue la partie selon les règles souhaitées par Édith. On lui devra bien ça.

– Quand, cette soirée ?

– Après-demain, à partir de minuit.

– L'heure du crime... marmonna Griffon.

– Toute mise en scène a ses codes. Le tout, c'est d'en connaître la grille de lecture avant de monter sur les planches. Du moins suffisamment pour se passer des services du souffleur.

– Il n'y a plus de souffleur dans les théâtres depuis belle lurette, rappela Sophie.

– Raison de plus pour bien maîtriser son texte, conclut Gribovitch.

CHAPITRE XXVII

Petite sœur Renée commençait à se demander si elle tiendrait le coup jusqu'à la prononciation de ses vœux. Elle s'était déjà fait baiser et enculer toute la nuit durant par frère Louis – cette fois en privé, les partouzes généralisées entre frères et sœurs étant plutôt réservées à la journée – et voilà que sitôt le petit-déjeuner avalé – elle le lui avait servi au lit, comme il se doit de toute novice à l'égard d'un frère formateur, a fortiori le plus prestigieux d'entre eux, il bandait de nouveau malgré ses problèmes récurrents d'érection, et exigeait une pipe d'un mouvement du menton sans appel.

À ce rythme-là, elle redoutait de ne plus avoir la moindre réserve d'énergie sexuelle lors de la cérémonie prévue pour dans trois jours, qui en demandait beaucoup.

Elle débarrassa le plateau et grimpa à genoux sur le lit pour engouffrer le gland tumescent. Frère Louis, comme souvent, s'amusait avec le sabre japonais préféré de sa collection, qu'il sortait partiellement de son fourreau pour l'y renfoncer aussitôt, et cela plusieurs fois, prêtant une oreille satisfaite au doux bruit feutré de la lame dans sa gaine.

Petite sœur Renée espéra qu'il éviterait de la branler ou de la sodomiser avec le pommeau de l'arme ou le bout de l'étui, comme il le faisait parfois, car elle avait un peu mal à la chatte et au trou du cul, après cette nuit interminable.

À l'instant où frère Louis lui éjaculait dans la bouche en râlant, elle se crispa.

Quelqu'un venait de lui enfoncer deux doigts dans le sexe, par-derrière. Trop exténuée, elle n'en conçut aucun plaisir, mais elle avait reconnu sœur Florence, au seul toucher de ses phalanges expertes.

Laquelle retira aussitôt sa main et bouscula la novice pour prendre sa place et lécher le reliquat de sperme au bout du gland de frère Louis.

Elle était toute nue, bien entendu, et elle agitait sa croupe cambrée sous le nez de Renée.

Docile, celle-ci se mit à lui lécher le clito...

Soulagée, petite sœur Renée constata que frère Louis, malgré les efforts de la bouche de sœur Florence, ne parvenait plus à bander. Celle-ci, manifestement un peu déçue malgré son orgasme procuré par la langue de la novice, déclara cause perdue et déplaça un gros oreiller pour s'adosser face à lui, cuisses écartées. De l'extrémité oblongue du fourreau du sabre, il commença à la branler doucement. C'était d'autant plus de quiétude provisoire pour Renée : tant que la bite de frère Louis déclarait forfait et qu'il s'amusait à satisfaire à nouveau Florence par ce moyen-là, c'était pour elle un répit inespéré.

D'ailleurs ils paraissaient carrément l'avoir oubliée au profit d'un début de conversation simultanée à la branlette, que Renée écouta d'une oreille distraite et néanmoins curieuse.

– Ça prend tournure ? demanda Louis.

– On peut dire ça, répondit Florence. En tout cas ça suit son cours sans la moindre anicroche. Miss Détective roule pour nous, si j'ose dire. Et elle se roule dans son lit par la même occasion, vu que le flic a passé la nuit chez elle.

– Et la fliquette ? Ses tendances lesbiennes n'ont pas encore trouvé preneuse en notre précieuse Édith Ollivier ?

– Ce n'est peut-être que partie remise, mon frère, va savoir. Plus profond, s'il te plaît.

Louis obtempéra en forçant un peu du poignet sur le pommeau.

– Oui, comme ça c'est mieux, apprécia Florence. Je vais t'en apprendre une bien bonne : trois cartons d'invitation à notre prochaine soirée ont atterri en de bonnes mains, délivrés par frère Edmond.

– C'est ce que tu avais prévu, non ?

– Bien sûr. Cette chère mademoiselle Ollivier est décidément une « collaboratrice » de premier ordre. Elle fait exactement ce qu'on attendait de sa part, et les deux autres suivront, sans aucun doute.

Tous deux furent secoués d'un rire gras et vulgaire qui surprit un peu petite sœur Renée, mais elle en avait vu d'autres.

Elle commença cependant à s'inquiéter quant à la durée de son repos bien mérité, car le membre de frère Louis, contre toute attente, reprenait un peu d'allure, et ça menaçait de se préciser.

– C'est ma chatte en train de baver autour de ce truc qui te renouvelle l'émotion ? s'enquit Florence.

– Pas seulement, avoua Louis qui – crainte confirmée – attrapa Renée par les cheveux pour qu'elle se mette en devoir de parfaire la réanimation d'une sucette appropriée.

Résignée, la novice s'exécuta.

– C'est aussi la perspective de voir enfin nos efforts couronnés de succès, continua Louis. Tu es la meilleure pour ce genre de chose, ma sœur. Vraiment la meilleure de nous tous.

– Je sais, fit la flattée. Mais il ne faut pas pour autant négliger l'importance cruciale du rôle de Miss Détective, n'est-ce pas ? On lui devra tout, à cette femme, sur ce coup-là.

Nouveau rire gras de part et d'autre.

Désolée, Renée sentait entre ses lèvres gonfler et se durcir inexorablement la bite de frère Louis. Plus que jamais, elle doutait de sa capacité à tenir le coup.

Surtout qu'après la cérémonie des vœux, ce serait pareil, voire pire.

Les appétits sexuels des frères et sœurs étaient insatiables, vraiment insatiables.

Nouvel espoir : frère Louis venait de la repousser brutalement et lui demandait de se masturber tandis qu'il s'occupait lui-même de son membre à l'aide sa main libre.

Renée s'installa comme elle savait que son formateur l'appréciait : cul en l'air, le visage enfoui dans un oreiller, et une main glissée par dessous entre ses cuisses, majeur en action.

– Elle a vraiment un putain de joli cul, petite sœur Renée, commenta Florence. Et j'adore comme elle se branle. C'est frais, c'est charmant.

– Je suis d'accord avec toi, abonda Louis. Rien que de la regarder faire, je sens que je vais jouir.

– Moi aussi, prévint Florence. Enlève ce truc, que je me finisse à la main...

Alors que tous trois – Renée, au bout du compte, s'était également prise au jeu – allaient exploser d'un orgasme simultané, frère Louis coinça le fourreau avec son pied et dégaina l'arme. À l'instant où son foutre giclait et que les deux filles se pâmaient de concert, il enfonça d'un seul coup et jusqu'à la garde la lame légèrement courbée dans la chatte de la novice, sectionnant le majeur au passage.

– Dommage, fit-il, elle était vraiment jolie. Mais côté sexe, finalement, elle n'avait pas la résistance, et en plus on en a trop dit devant elle, tu ne crois pas ? Zut, ça va tacher mes draps.

– Puisque c'est déjà sali, autant aller jusqu'au bout, décida Florence.

Et elle se mit à genoux pour retirer le sabre de l'entrecuisse de petite sœur Renée. En riant aux éclats, elle trancha et tailla à coups redoublés dans le corps inanimé dont le cœur battait sans doute encore, car le sang giclait partout.

Frère Louis riait aussi, et il recommençait de se branler.

CHAPITRE XXVIII

– Tour C, ça devrait être celle-là, estima Gribovitch.

Aucune indication sur la façade du bâtiment, mais la tour précédente affichait la lettre B.

Ils traversèrent la rue commerçante de la cité HLM des confins du XIIIe arrondissement. Il était presque dix-huit heures et nombre de gosses de tous âges jouaient bruyamment au pied de l'immeuble malgré la fraîcheur du vent et un début de crachin.

Ils entrèrent dans le hall, maculé de tags multicolores. Les boîtes aux lettres, elles, étaient relativement épargnées.

– Bingo, fit Sophie en parcourant les étiquettes. C'est au neuvième étage. J'espère pour tes poumons de fumeur invertébré que l'ascenseur n'est pas achaisse.

Alex avait déjà vérifié en enfonçant le bouton d'appel, dont le clignotement s'avérait de bon augure.

Rue de Lutèce, rongeant leur frein, ils avaient passé

l'essentiel de la journée à attendre les résultats des recherches téléphoniques d'Anne Baroux. Heureusement pour leurs nerfs, les recoupements d'informations successives avaient bien mené de fil en aiguille jusqu'à la véritable identité de Florence Ney, confirmant les espoirs de Gribovitch.

Par chance, Édith Ollivier ne s'était pas manifestée, même par téléphone. Ce n'était vraiment pas le moment.

La soi-disant Florence Ney avait obtenu six mois auparavant, sous son vrai patronyme, l'attribution totalement injustifiée d'un logement social, mais la Poste du coin, dûment consultée, avait précisé que l'adresse et le numéro de l'appartement correspondaient à un autre nom : Adeline Delteil. Sans aucun doute une fausse identité de plus. La futée ne lésinait pas sur les trompe-l'œil en cascade.

Tandis que la porte de l'ascenseur s'ouvrait en grinçant, Alex revint sur ses pas et sollicita l'interphone.

– Si elle est là et qu'elle répond, tu lui dis quoi ? s'enquit Sophie.

– Rien, et on se calte en attendant un moment plus favorable. Avec tous ces mômes dans le secteur, elle croira à une blague de gamins. Et si elle ne répond pas, c'est qu'on a de bonnes chances d'avoir le champ libre.

Haut-parleur muet.

Nouvel essai.

Toujours rien.

L'ascenseur aux parois labourées de graffitis était encore là. Il n'attendait qu'eux...

Alex colla son oreille à la porte. Qualité de l'écoute facilitée par le silence ambiant. Apparemment, les autres locataires du palier n'étaient pas encore rentrés du boulot.

Aucun bruit dans l'appartement, hormis le ronronnement d'un frigo.

Il embrassa son rossignol du bout des lèvres. Deux serrures. La principale d'un modèle courant, celle du verrou un peu plus sophistiquée, mais c'était jouable.

Il lui fallut à peine trois minutes pour en venir à bout.

Par mesure de prudence, Sophie dégaina son arme de service et entra la première.

Personne dans le séjour-cuisine.

Ni dans l'unique chambre.

Ni dans la salle de bains.

Elle rengaina.

– Ça fleure pas franchement l'occupation à demeure, constata-t-elle. On commence par quoi ?

– Par le frigo, trancha Gribovitch. Tu auras remarqué comme moi qu'à part lui et le micro-ondes, il n'y a pas d'autre appareil ménager en service. S'il est garni, c'est qu'elle séjourne ici au moins de temps en temps. S'il est vide, je ne vois pas trop pourquoi il serait là, et encore moins branché.

Il tira sur la poignée du compartiment congélateur.

Trois pizzas portion dont l'une aux cinq fromages, et une barquette de riz cantonnais.

Étage inférieur : seulement un pack de bières auquel manquaient deux canettes, une bouteille de lait périmée et une brique de jus d'orange ouverte qui, vérification faite, sentait carrément le moisi.

Il compléta l'inventaire par un examen du placard sous l'évier : un paquet de Cracottes neuf, un autre de corn-flakes, entamé, dont le contenu était aussi croustillant qu'une éponge usagée.

– Qu'en déduisez-vous, docteur Watson ? fit-il avec un accent british consternant.

– Qu'elle utilise cet appart très épisodiquement, et que ça fait un bon moment qu'elle n'y a pas pris ses aises. La couche de poussière vierge sur les étagères n'est pas étrangère à mon diagnostic. Pourtant...

– Oui ?

– Sa boîte aux lettres avait l'air d'être vide. En tout cas pas le moindre encombrement de prospectus.

– On vérifiera en repartant. En admettant qu'elle reçoive du courrier à ce nom-là, ce qui semble être le cas puisque la fille de la Poste du quartier a mis moins d'une minute à renseigner Anne Baroux, elle passe sans doute le relever régulièrement, ce qui ne veut pas dire qu'elle monte jusqu'ici à chaque fois.

Ils poursuivirent leur fouille. Celle du séjour fut rapide : juste trois cartons remplis de vaisselle, manifestement neuve, et quelques petits ustensiles ménagers qui n'avaient pas non plus été sortis de leur emballage d'origine. Le tout sur une table bon marché escortée de seulement deux chaises pliantes. Aucun autre meuble.

De toute évidence, des velléités d'installation plus permanente avaient été envisagées, mais pas encore mises en œuvre malgré déjà six mois de location.

– Sans doute une planque destinée à un usage plus durable en cas de pépin, supputa Sophie.

– C'est probable. On passe à la chambre.

Lit défait et même impression que dans le séjour : pas de meubles de rangement, seulement une valise ouverte à même le sol.

Sophie agita à bout de bras une minijupe en cuir et un perfecto de même obédience. Aucun commentaire ne s'imposait.

Parmi les autres fringues, Alex dénicha un portefeuille, presque vide mis à part trois billets de cinquante euros et un passeport au nom d'Adeline Delteil.

Faux, évidemment, mais de très belle facture.

La photo était bien celle de la jeune femme qui, par ailleurs, se faisait appeler Florence Ney...

Avant de ressortir de l'immeuble, Gribovitch joua de nouveau de son rossignol pour ouvrir la boîte aux lettres. L'affaire de quelques secondes.

Heureusement, car le ballet des gamins vociférants était pratiquement incessant.

Pas le moindre courrier à l'intérieur. Juste un minuscule prospectus photocopié, vantant les prestations d'un certain « Docteur N'Golo » à grand renfort de fautes d'orthographe : *santée, arjent, retour de l'être aimer, dézanvoutement,* etc.

CHAPITRE XXIX

Rue de Lutèce, en fin de matinée, Gribovitch et Sophie commençaient à s'impatienter. La soirée au club était pour la nuit à venir, et Édith Ollivier n'avait pas encore redonné signe de vie.

– Tu crois qu'elle a décidé de laisser tomber? s'enquit Sophie.

– Pas son style, répondit Alex en allumant une Gitane blonde au mégot de la précédente. Elle finira par appeler.

– On pourrait peut-être prendre les devants, histoire d'en avoir le cœur net?

– Non. On l'a, maintenant, notre longueur d'avance sur elle. Pas question d'hypothéquer cet avantage en la relançant nous-mêmes. Elle se croirait indispensable et maîtresse du jeu, et vu la situation, je préfère qu'elle ait encore quelques doutes là-dessus. Le doute est un bon moteur pour éviter d'en faire trop, trop vite. N'oublie pas que cette nuit on sera tous les deux avec elle dans l'arène, et sans roue de secours vu que je vois mal Griffon solliciter officiellement le positionnement de renforts dans le secteur sur une opération de ce genre.

– Tu as raison, adhéra Sophie. On patiente.

– Réunion stratégique, fit Griffon en entrouvrant la porte de son bureau où Anne Baroux l'avait rejoint une demi-heure auparavant. Il y a peut-être du neuf.

Gribovitch écrasa sa cigarette à peine entamée dans le cendrier qui trônait près de son ordinateur et précéda Sophie dans l'antre du patron des Affaires Spéciales.

– Pour une fois que vous réagissez au quart de tour... railla celui-ci. On attend Dallant pour commencer. Il est déjà en route. L'affaire d'une dizaine de minutes, en scooter...

Un quart d'heure plus tard, son casque encore sur la tête, Roger fit son entrée en s'excusant d'avoir été retardé, à cause de ces foutus couloirs de bus qui ne permettaient plus autant qu'avant de se faufiler entre les voitures.

– Tu n'as qu'à faire comme les coursiers, dit Sophie : rouler dans les couloirs, justement.

– Un flic qui ne respecte pas la loi, pontifia l'as de la Scientifique en se libérant du casque, c'est le début de la chienlit. D'accord, je suis peut-être le seul à me préoccuper de déontologie dans toute la corporation, mais au moins, je suis en accord avec moi-même.

– On ne va pas s'embarquer dans un débat métaphysique, intervint Griffon, ça prendrait la journée et je vous rappelle qu'on a d'autres chats à fouetter, ces temps-ci. Allez-y, Anne.

Celle-ci rajusta une mèche sur son front et prit sa respiration. Le début de sa tirade s'adressait surtout à Alex et Sophie.

– Ce matin, comme d'habitude, j'ai consulté la main courante pour me faire une idée sur l'état de notre pauvre monde, c'est encore plus édifiant que les informations. Il y était question, entre autres avanies, de la découverte d'un mystérieux cadavre de femme, cette nuit, dans un container à ordures du XVIe arrondissement. Tout près de la place Victor-Hugo, si vous voyez à quoi je pense. J'ai creusé l'affaire. Il s'agit du corps d'une jeune fille, privé de sa tête et de ses mains, et par ailleurs lardé de balafres causées par une lame extrêmement tranchante. Apparemment la même que celle qui a provoqué la mort par hémorragie abdominale, via un enfoncement sur une quarantaine de centimètres dans le sexe. J'ai aussitôt appelé Roger pour qu'il se renseigne sur ce qu'il en était de cette histoire.

– Ça ne m'a pas été difficile, j'étais déjà sur l'affaire, embraya Dallant. Je confirme ce que je vous ai déjà dit, Anne : l'arme blanche à l'origine du coup fatal et des estafilades est bien la même, à savoir très probablement un sabre de seppuku. Autrement dit de hara-kiri. Vu l'état du corps, l'assassin s'est acharné dessus, préalablement à la décapitation et à l'ablation des mains censées empêcher l'identification de la victime. Je confirme également que la minuscule tache de naissance sous l'aisselle gauche correspond bien au signe particulier donné par les parents d'une certaine Renée Lavigne, de Neuilly, évanouie dans la nature il y a un peu plus de trois mois. L'analyse ADN est en cours, mais pas besoin d'attendre les résultats pour être sûr qu'il s'agit bien de la même personne.

– Les parents de Renée Lavigne, lors de leur déposition, poursuivit Anne Baroux, ont signalé que leur fille était selon toute apparence sous l'influence de membres d'une secte, sans pouvoir donner plus de précisions. Elle avait en tout cas le profil psychologique pour tomber dans ce genre de panneau. Or, parmi les informations que j'ai pu glaner sur Louis Brochard, président de l'ECIJ et P.D.G du club privé, il apparaît que cet homme est depuis longtemps un passionné d'armes anciennes, et particulièrement de sabres japonais qu'il achète à prix d'or pour sa collection. Sur le moment, je n'ai pas jugé utile de mentionner ce détail. D'autre part, son domicile personnel se trouve à deux pas de la place Victor-Hugo, et à quelques-uns de plus du container qui a réceptionné le cadavre.

– Nom de Dieu... marmonna Gribovitch en se grattant la calvitie.

– Je ne vous le fais pas dire, fit Griffon. Quoi qu'il en soit, ce meurtre m'oblige à remettre en cause votre stratégie pour la nuit prochaine. S'il s'avère que le big boss de l'ECIJ ou quelques-uns de ses affidés ont pété les plombs au point de découper l'une de leurs récentes recrues en rondelles, il est hors de question que vous alliez vous jeter bille en tête dans la gueule du loup sans la moindre protection. D'autant que pour éviter les conséquences d'une éventuelle fouille à l'entrée, vous ne pourrez pas avoir votre arme sur vous.

– Pas d'accord ! s'insurgea Sophie. On *doit* prendre le risque. Sinon tout l'édifice va se casser la gueule et on en sera pour nos frais. Les quatre électrocutés plus cette fille, si tout ça est lié, ça fait déjà cinq victimes de cette bande de tarés. D'une manière ou d'une autre, il faut stopper l'hémorragie, si j'ose dire.

– Je suis du même avis, renchérit Alex. Sophie et moi, on a déjà pris le train, et on n'est pas du style à descendre en marche sous prétexte que les freins ont lâché.

Griffon soupira.

– Je savais que vous réagiriez comme ça. N'empêche que je maintiens ma position.

– Alors qu'est-ce que vous proposez comme solution de rechange miracle, patron ? persifla Sophie. Le numéro d'Édith Ollivier ne peut fonctionner qu'avec nous, et vous le savez très bien.

– Avec un seul de vous deux, il sera tout aussi valide. Ou plutôt avec une seule. Vous accompagnerez la détective, et Gribovitch restera à l'extérieur, prêt à intervenir au moindre pépin.

– Édith se demandera pourquoi il ne rentre pas avec nous dans la boîte et elle risque de changer d'avis. C'est son idée, mais Gribo vous confirmera qu'elle n'est pas le genre de fille à poursuivre sur pression d'un tiers si elle décide elle-même de couper court. D'autre part, je me vois mal pianoter ostensiblement sur mon portable pour donner l'alerte si ça se met à sentir mauvais.

Elle se tourna vers son coéquipier.

– À moins de procéder comme tu l'as fait pour rallier la cavalerie à La Motte-Buisson[1]. Avec une petite variante : je garde mon appareil dans ma poche avec ton numéro programmé en dernier correspondant, et je déclenche discrètement un appel s'il y a coup fourré sans urgence, et un deuxième si je suis en réel danger. Ce qui nous laisse une option pour éviter de tout foutre en l'air à cause d'une irruption prématurée.

– C'est le genre de plan auquel j'avais songé, adhéra Griffon. Mais à un détail près : si vous vous faites embarquer dans un lieu différent par une autre sortie, et que des mains indélicates vous délestent de votre portable, il faut qu'on puisse malgré tout vous suivre à

1. Voir *les Vendangeuses*, Police des Mœurs n° 169.

la trace. Roger, vous avez l'objet ?

– Affirmatif, répondit Dallant en tirant un sachet plastique de sa poche. Là-dedans, il y a une puce émettrice GPS à très grande résolution et la pile incorporée pour la faire fonctionner. C'est miniaturisé à l'extrême et ça s'injecte sous la peau avec une seringue appropriée. Dans un repli, la cicatrice n'est pas détectable à moins d'un examen minutieux.

Sophie frémit à l'idée de se faire charcuter, même par une simple aiguille.

– À quel genre de repli tu penses, vieux cochon ? fit-elle pour éluder son appréhension.

– Je te laisse choisir. Le corps d'une femme en est plein, de replis secrets.

– OK. Mais ça ne résout pas le problème de la défection de Gribo qui risque de faire renoncer Édith.

– Je m'en arrangerai moi-même dès qu'elle appellera, trancha Alex. Le plus crédible, ce serait de lui dire que j'ai été mis sur une autre affaire en urgence et de ne pas du tout me pointer ce soir. D'ailleurs... pourquoi pas...

– Vous songez à quoi ? s'enquit Griffon.

– À cette fille massacrée au sabre japonais, tout simplement. Si c'était dans la main courante dès ce matin, les radios en ont déjà parlé.

– C'est délicat. L'emmerdeuse va penser qu'un lien avec l'enquête en cours est suspecté, voire établi, si c'est vous qui vous en occupez.

– Raison de plus. Mon absence n'en sera que davantage justifiée. Excusez-moi.

Gribovitch dégaina son portable qui sonnait.

– C'est elle, signala-t-il en consultant l'écran.

CHAPITRE XXX

Rendez-vous avait été pris pour vingt et une heures, chez Édith Ollivier. Sophie Leclerc s'y rendit à l'heure exacte.

– Spacieux et plutôt cossu, fit-elle en pénétrant dans le séjour. Dans un quartier pareil, ça doit vous coûter une fortune.

Vêtue d'un déshabillé quasi transparent, la détective esquissa son petit sourire coutumier.

– Votre alter ego m'a dit à peu près la même chose. Je lui ai répondu qu'il pouvait toujours se recycler dans le privé, s'il se sentait tenté par des revenus plus adaptés au coût de la vie.

– Je sais, il me l'a répété.

– Vous vous racontez absolument tout sur les rares moments que vous ne passez pas ensemble ? Le syndrome du rapport en trois exemplaires, je suppose ?

– À peu près tout, oui. Dans certaines limites de nos vies privées respectives, bien sûr.

– Ces limites lui ont-elles interdit de vous dire si j'étais un bon coup au lit ? Il m'a paru tout à fait comblé, mais les hommes sont capables de singer la satisfaction par simple trouille qu'on leur retourne l'argument s'ils montrent ne serait-ce qu'un tout petit signe de déception. Ils sont tellement imbus de leur virilité soi-disant triomphante, les chéris, qu'ils en imputent ce qui relève des qualités d'une partenaire à leur propre mérite.

Sophie s'abstint de souligner l'extrême pertinence de l'observation, qu'elle partageait complètement. Elle attendait l'inévitable relance sur les motifs de l'absence d'Alex, mais ça ne venait pas.

– Il ne m'a pas fait de confidences sur votre nuit torride, désolée.

– Dommage, poursuivit Édith sur le même registre. Quand je baise avec une femme, elle n'hésite pas à me dire si ça lui a vraiment plu ou pas, et c'est sincère. Avec les mecs, c'est indéniablement plus difficile de se faire une opinion. Vous êtes d'accord avec moi, là-dessus ?

Sophie éluda la question en mimant un intérêt soudain pour un sous-verre paysager signé d'un photographe à la mode. Les propos tendancieux et le déshabillé un tantinet provocateur de son hôtesse sentaient le piège à con, au sens propre, et elle n'avait pas envie de se laisser faire. Le solde de la soirée serait sans doute largement suffisant, côté émotions fortes.

– Vous avez dîné ? s'enquit Édith.

– C'est fait.

– Moi aussi. Mais installez-vous, on a tout notre temps. Café ? Thé ? Je crois qu'il est préférable d'éviter les alcools forts, vu ce qui nous attend. Poser votre cape sur ce guéridon. Ah, au fait, Alex vous a passé le message, j'espère ?

– Pas de souci : je vous la prêterai.

– Parfait. Vous ne m'avez pas répondu.

– Ce sera café.

– Je m'en occupe.

La détective disparut de l'autre côté d'une porte.

Sophie hésita entre l'un des fauteuils et le canapé. Elle opta finalement pour la seconde option, histoire de voir jusqu'où iraient les choses...

Édith réapparut au bout d'une poignée de minutes, un plateau en main, lesté de deux tasses fumantes et d'un sucrier. Elle posa le tout sur la table basse, sembla hésiter elle aussi et s'assit finalement sur le sofa, à côté de son invitée qui parvint à museler un sourire ironique naissant.

– Ce cher Alex, minauda Édith. Ils sont tous pareils, pas vrai ? On compte sur eux, et au dernier moment, plus personne ne répond à l'appel.

« Nous y voilà enfin », songea Sophie en touillant une demi-pierre de sucre avec sa petite cuillère.

– Cas de force majeure, fit-elle. Il vous l'a dit lui-même au téléphone, je crois.

– Bien sûr. Et je ne suis pas idiote. On ne démantèle pas à l'improviste un couple expérimenté comme le vôtre pour un foutu cadavre dans une poubelle. Quel rapport avec notre affaire, hormis le fait que cette fille a été retrouvée dans le quartier du club privé ?

– Vous venez vous-même de mettre le doigt dessus : la proximité. On ne doit rien négliger.

– Ne me racontez pas de conneries. Il y a forcément autre chose.

Sophie simula un soupir.

– Oui, il y a autre chose. Mais je suis pas supposée vous en rendre compte.

– On collabore, sur ce coup-là, oui ou non ?

– Vous aurez noté que mon chef n'était pas très chaud.

– Vous me prenez vraiment pour une imbécile. Si vous ne comptiez pas me l'offrir, vous ne m'auriez pas laissé deviner la couleur de la carotte.

– Il s'agit de Louis Brochard. Ce type est connu chez les antiquaires spécialisés pour sa collection d'armes blanches exotiques anciennes en tout genre, qu'il achète à n'importe quel prix en dépit de revenus déclarés peu en rapport avec une telle lubie. La fille a sans doute été trucidée au sabre de sacrifice japonais, d'après notre meilleur expert en auscultation de cadavres.

– Merde !...

– Rien ne prouve pour l'instant que Brochard soit le meurtrier, d'autant qu'on ignore tout de l'identité de la victime et a fortiori de ses éventuelles relations avec ce type, mais vous comprendrez que la situation justifie qu'Alex s'occupe de creuser la question en urgence. Sans compter que je suis assez grande pour me démerder sans lui.

– N'empêche. Un homme, c'est un homme. On va se faire fouiller à l'entrée, très certainement. Donc pas question de garder votre arme. Moi, de toute façon, je n'en porte jamais.

– La mienne est restée au vestiaire, évidemment. Ne vous inquiétez pas, je n'ai pas besoin de flingue pour faire le ménage si c'est nécessaire.

– OK, je vous crois sur parole. Ça vous dit, qu'on fasse un peu plus connaissance, en attendant le moment de passer de l'autre côté de la Seine ?

– Ça dépend de ce que vous entendez par là.

Édith Ollivier ne répondit pas mais son déshabillé glissa comme par enchantement de ses épaules, révélant une paire de seins absolument superbes, aux tétons déjà en érection.

Sophie marqua un temps, puis sirota une gorgée de café avant de reposer sa tasse.

Elle se pencha sur sa voisine de canapé et l'embrassa brièvement sur la bouche.

Puis elle descendit d'un étage et humidifia les

mamelons avec sa langue.

– Prometteur, jugea-t-elle, mais on verra ça une autre fois. Allez enfiler votre tenue de scène et on décanille. Prendre le pouls des lieux avant le début des festivités, et notamment visualiser les éventuelles allées et venues préliminaires, ce ne sera pas du luxe. Hormis le salaire, la différence entre votre boulot et le mien, Édith, c'est que je risque ma peau pratiquement tous les jours. Ça génère des petites habitudes de prudence qui vous échappent, je suppose.

Manifestement agacée par la remarque, la détective remonta son déshabillé et s'arracha du canapé pour se diriger vers ce qui devait être sa chambre.

CHAPITRE XXXI

Désormais fermement rangée aux positions de Gribovitch qui considérait comme une insigne crétinerie de rouler en voiture dans Paris hors cas de force majeure, Sophie avait proposé le métro. Mais Édith Ollivier avait fait la moue, au prétexte qu'elle se bouffait assez de transports en commun lors des filatures que lui imposaient ses enquêtes.

– Moi aussi, je m'en tape plus que mon compte, avait rétorqué Sophie.

– Raison de plus pour échapper à la promiscuité quand c'est pas nécessaire, s'était défendue la détective en prenant la direction du parking privé dans la cour intérieure de son immeuble.

La berline de la jeune femme était à l'avenant de son appartement : une BM dernier cri, intérieur cuir et une horde de chevaux piaffants sous le capot. De plus, Édith ne faisait pas spécialement dans la conduite écolo censée épargner les centimètres cubes de dioxyde de carbone à la pauvre atmosphère parisienne. Les chevaux rugissaient, ce qui n'est pourtant pas leur mode d'expression naturel, et le ballet nerveux des muscles des cuisses de la chauffarde, chaque fois qu'elle enfonçait sans sommation l'une ou l'autre des pédales, trahissait une tension de tout son corps qui n'était sans doute pas due à la seule vigueur de son pilotage façon rodéo du samedi soir.

– Stressée ? s'enquit ironiquement Sophie quand Édith enfila en trombe la rue de Grenelle après avoir traversé la rue des Saints-Pères au mépris absolu des règles élémentaires de la cohabitation urbaine.

– De nuit, je conduis toujours comme ça, mais... oui, je l'avoue. Ce qu'on va faire ce soir, c'est... disons... un peu particulier, par rapport au quotidien de mon boulot.

– Ce que *tu* vas faire, corrigea Sophie. N'oublie pas que c'est toi qui as eu cette idée, et que moi, je me contenterai de veiller dans l'ombre pour repérer les inévitables réactions.

– Mais... si ça tourne mal ? Je persiste à penser qu'Alex devrait être là lui aussi. Au fait, je te signale que tu viens de me tutoyer.

– Ça devait finir par arriver, non ? Pour répondre à ta question, si ça dégénère, je réagirai comme il se doit dans ces cas-là, c'est-à-dire en improvisant sur le tas. Tu veux que je t'aide à te détendre un peu ? Sans compter que si j'y parviens, tu arrêteras peut-être de conduire comme Steeve McQueen dans je ne sais plus quel film.

– Et comment tu vas t'y prendre ?

– Comme ça.

Sans autre forme de procès, Sophie posa sa main gauche sur la cuisse de la détective et remonta sous la minijupe. L'incursion lui permit tout d'abord de constater – ce qu'elle supposait – que la jeune femme ne portait aucune sorte de slip sous le cuir bilatéralement fendu, et dans un second temps que tension et excitation faisaient bon ménage : elle mouillait comme un robinet qui fuit.

– Tu vas quand même pas me...

– Si. Et ne me dis pas que ça te scandalise, vu ton petit manège de tout à l'heure sur le canapé.

– Ouais mais là, je suis en train de... Merde, arrête, sinon on va finir dans le décor.

– Tu n'as qu'à ralentir. Et rassure-toi : si tu dérailles un peu trop, je m'occupe du volant.

Édith Ollivier raidit ses bras, se mordit les lèvres et écarta les cuisses autant que le lui permettaient les pédales de la BM.

– Putain, quelle salope tu fais... geignit-elle tandis que Sophie s'activait du majeur entre les lèvres de son sexe ruisselant. Non, pas comme ça... Oui, c'est mieux. Bordel, je vais jouir.

– C'est l'aboutissement normal de ce genre de manœuvre, rappela Sophie. Si tu pouvais te retenir jusqu'au prochain feu, ce serait pas plus mal, il vient juste de passer à l'orange.

Édith pila au croisement, plaqua sa nuque contre l'appui-tête et ferma les yeux en feulant son plaisir.

Puis elle resta silencieuse, paupières toujours closes.

Quand le feu repassa au vert, Sophie la tira des limbes d'une tape sur l'épaule.

Elle avait atteint son double objectif : d'une part elle savait maintenant avec certitude que sa collaboratrice autoproclamée n'était pas aussi maîtresse d'elle-même qu'elle avait jusqu'ici voulu le laisser paraître, d'autre part elle disposait peut-être à présent d'un ascendant sur cette fille qui pourrait s'avérer utile en fonction des circonstances à venir.

CHAPITRE XXXII

– Marre de poireauter dans le froid pour rien, se plaignit Édith qui avait dû abandonner à l'écart sa BM trop repérable. On n'a encore pas vu un chat prendre l'escalier qui mène directement au sous-sol, aucune agitation à l'entrée principale de l'immeuble, et il est loin d'être minuit.

– Vingt-trois heures cinq très exactement, précisa Sophie qui venait de consulter l'écran de son portable et de vérifier par la même occasion, machinalement, que le numéro d'Alex figurait bien en tête de la liste des derniers appels. Je constate que tu es encore très nerveuse. Tu es pourtant censée en avoir l'habitude, des planques aussi chiantes qu'interminables.

La détective remonta le col de la cape prêtée par Sophie sur sa perruque brune. Elle grelottait malgré l'épaisseur du tissu.

– Ouais, mais là, l'étape suivante ne consiste pas franchement à classer des notes et des photos pour un client. Merde, ça caille vraiment. Je crois que c'est à cause de la fraîcheur qui me remonte au... Enfin, tu vois ce que je veux dire. J'aurais dû mettre un slip.

Sophie s'abstint d'objecter que la température était tout à fait supportable. Elle-même, en simple blouson sur un top et un pantalon pas spécialement taillés pour une expédition polaire, n'en ressentait pas de gêne particulière.

– Bon, fit-elle. Puisque les invités n'ont pas l'air d'être du genre à se pointer en avance, je vais en profiter pour te réchauffer un peu.

– Merde, tu fais chier. Pas maintenant.

– Si.

Et d'autorité, Sophie infiltra sa main sous la cape, remonta la minijupe en cuir, malaxa les fesses qui s'avéraient en effet un tantinet frigorifiées, insinua son majeur dans la raie, au niveau du coccyx, et l'intromit doucement dans l'anus après avoir assoupli les sphincters d'un bref massage circulaire.

– Putain, je rêve !... soupira Édith.

– C'est pas un rêve, c'est un doigt dans le cul en chair et en os. Arrête de serrer les fesses comme ça, tu vas me luxer l'articulation.

– Mmmmm... Bordel, c'est pas vrai !

– Ça te plaît pas ?

– Si, bien sûr, mais...

Le cul investi commençait à se trémousser autour de l'axe. Sophie continua à touiller d'une double phalange experte. Un sourire aux lèvres, elle pensait à Gribovitch, forcément planqué lui aussi dans les parages, qui assistait peut-être d'un œil éberlué au petit manège.

Elle accentua sa caresse anale.

Il fallait faire jouir cette fille encore une fois, au moins une fois, avant d'entrer avec elle dans l'arène, pour achever de la déstabiliser, pour qu'elle perde ses derniers fantasmes de maître du jeu, pour qu'elle doute. Alex avait raison : le doute est un bon moteur pour éviter les dérapages prématurés ou trop radicaux.

Le problème, c'était de ne pas déraper soi-même. Fourrailler dans le cul d'une fille, quand on a des prédispositions pour les ébats saphiques, n'est pas sans conséquences : Sophie serra les cuisses en essayant de penser à autre chose.

En vain.

Elle mouillait elle aussi.

Les grandes eaux.

Et pourtant il fallait mettre encore plus de pression, vu que le manège de l'arrière-train d'Édith autour de son doigt commençait à tourner moins vite.

Elle avait besoin d'autre chose pour prendre son pied, le diamètre et la longueur d'un majeur dans ce trou-là n'étant manifestement pas suffisants pour la propulser dans les étoiles.

Sophie prit sur elle.

Elle glissa son autre main sous la cape et déboutonna

le perfecto.

Pas plus de soutien-gorge que de slip.

Elle malaxa longuement les tétons, qui réagirent à merveille.

Elle descendit sur le ventre.

Puis plus bas.

Un véritable déluge.

Le clito rondouillard en arche de Noé.

– Putain, mais quelle salope ! râla la détective en chaleur.

– Tu te répètes, nota Sophie.

Puis elle se tut par manque d'air, car la plaignante hypocrite avait plaqué ses lèvres contre les siennes pour lui rouler une pelle.

« Pauvre Gribo, tout seul dans son recoin, sans doute en train de bander comme un taureau », songea de nouveau Sophie en savourant en connaisseuse la langue exquise qui se mêlait à la sienne.

CHAPITRE XXXIII

« Nom de Dieu, Sophie, qu'est-ce que tu manigances ? » marmonna Alex pour lui-même en grimaçant sous la douleur de son érection entravée par l'étroitesse de son jean.

Planqué à couvert d'un kiosque à journaux, en retrait du recoin de mur où s'étaient installées sa coéquipière et la détective, il les voyait nettement onduler ensemble, enveloppées toutes les deux par la cape Édépée.

Seule la tête de Sophie, de temps à autre, émergeait pour jeter un œil vers l'immeuble, de l'autre côté de la place.

Elles étaient en train de s'envoyer en l'air, manifestement ! Ou plutôt, à la façon dont ça bougeait là-dessous, c'était Sophie qui s'escrimait depuis plus d'une demi-heure à faire jouir l'autre, à répétition, sans prendre sa part du gâteau.

Gribovitch alluma une Gitane blonde en masquant

la flamme de sa main en coquille.

Il avait compris le but de la manœuvre, en dehors du plaisir tout naturel quoique inabouti qu'y prenait sa bisexuelle de coéquipière.

La déstabilisation, toujours souhaitable dans ce genre de situation.

Bien vu.

Il laissa tomber sa cigarette par mégarde, mais s'abstint de la ramasser.

Trois voitures s'étaient arrêtées successivement devant l'immeuble. Les passagers descendus de la première attendaient les autres.

Neuf personnes en tout, dont un seul homme.

Les filles paraissaient canon, et plutôt jeunes.

Les voitures déboîtèrent et disparurent l'une après l'autre.

La petite troupe s'engouffra dans l'escalier extérieur menant au sous-sol.

Puis plus rien.

Dix minutes.

Un quart d'heure.

Pas un seul nouvel arrivant.

Il était minuit vingt.

Alex, visage crispé, vit Sophie et Édith Ollivier quitter leur planque et contourner la place.

CHAPITRE XXXIV

Au sommet de l'escalier qui plongeait sous l'immeuble, bristol d'invitation en main, Sophie hésitait.

– Si on était dans un vieux film de l'âge d'or où les dialogues ressemblaient encore à du langage articulé, j'aurais tendance à avancer que tout ça ne me dit rien qui vaille.

– Ah, c'est toi qui fais pas la fière, maintenant ! ironisa Édith.

– Je n'ai jamais prétendu avoir le trouillomètre au beau fixe perpétuel, mais... c'est pas ça. D'une part, je trouve bizarre qu'on n'ait vu jusqu'ici que neuf personnes dont un seul mâle descendre dans ce trou à rats. Ça fait un peu juste, comme effectif, pour une soirée digne de ce nom. D'autre part, ils sont tous arrivés ensemble, dans trois bagnoles différentes, et ceux qui conduisaient sont repartis. Ça signifie qu'il y a eu ramassage un peu partout dans Paris par des « taxis » chargés de les amener à bon port. Tu peux me dire pourquoi on n'a pas eu droit nous aussi au même traitement de faveur ?

La détective se mordit légèrement la lèvre inférieure en hochant la tête. Elle paraissait mesurer la portée des propos de Sophie.

– Tu as raison, concéda-t-elle, c'est pas clair, ça. Bon, essayons de réfléchir un peu sans noircir a priori le tableau. Ces neuf-là sont sans doute des membres attitrés du club, avec les avantages que ça comporte. Nous, on est de simples « cartons », qui plus est de dernière minute. La logistique transport ne concerne peut-être que les aficionados. Quant... à la rareté des effectifs, comme tu dis, je suppose que le gros des troupes arrivera plus tard, peu à peu. Je te rappelle qu'on est en France, pas en Suisse. Les soirées ou autres manifestations qui commencent vraiment à l'heure prévue, c'est pas franchement une spécialité nationale.

– J'ai un autre point de vue, du moins... en partie. Ce n'est qu'une hypothèse, bien sûr.

– Dis toujours.

– Les membres du club sont là depuis longtemps, bien avant notre arrivée, probablement à sabler le champagne en prenant des paris sur la qualité de la livraison de chair fraîche. Les huit filles et le mec qu'on a vu descendre *sont* cette chair fraîche, et on en fait partie nous aussi. Quant au « taxi » auquel on n'a pas eu droit, tu as peut-être raison : les invitations que tu as extorquées à cet assureur sont sans doute trop récentes pour qu'on nous l'ait proposé. Quoi qu'il en soit, tout ça pue le traquenard à plein nez.

Édith marqua un temps.

– D'une certaine manière, on le savait, non ? Il y a traquenard et traquenard. Quand on sait pourquoi on se fourre dans la gueule du loup sans filet et ce qu'on vient exactement y faire, ça change la donne. Vous appelez ça comment, à la maison Keuf ? Un risque calculé, je crois. Quand ton boss m'a virée comme une malpropre, je suppose que c'était pour vous permettre de tchatcher en comité restreint sur l'opportunité de poursuivre ou pas une collaboration a priori contre nature ?

Sophie descendit la première marche de l'escalier.

– Entre autres choses, oui. Ta façon de réagir montre en tout cas que j'ai réussi à te faire évacuer ton trop-plein de stress, conclut-elle. Allez, on y va.

Édith tira son propre carton du sac à main qu'elle portait à l'épaule sous la cape et lui emboîta le pas.

Non sans s'être préalablement retournée pour parcourir la place quasi déserte d'un dernier regard panoramique.

Le visage à nouveau crispé qu'elle arborait à présent ne semblait en rien confirmer le diagnostic de Sophie quant à sa relative sérénité retrouvée.

CHAPITRE XXXV

Aucun éclairage en bas de l'escalier, sauf un halo lumineux à peine perceptible, tout au fond d'un couloir de béton. Sophie s'y engagea la première et parvint à peine à réprimer un sursaut quand un Black immense et aussi carré qu'un frigo américain surgit tel un diable de la pénombre.

Pour parer à tout malentendu, Sophie lui agita aussitôt son bristol sous le nez, puis lui passa également celui qu'Édith lui avait refilé d'une main hésitante.

Le cerbère examina les deux cartons à la lueur d'une lampe torche, et un large sourire immaculé lui fendit le visage.

– C'est bon, fit-il. Vous êtes les bienvenues au club. Mais il y a une autre petite formalité. Dans le monde où on vit, on ne peut se fier à personne, pas vrai ? C'est désolant, mais faut bien faire avec.

Il coinça sa lampe entre ses dents et avança d'immenses paluches.

Sophie se prêta à la fouille, dont l'opportuniste profita évidemment pour apprécier à loisir la fermeté de ses seins et le galbe de ses hanches.

Il alla même jusqu'à lui « ausculter » méthodiquement l'entrecuisse. On n'est jamais trop prudent.

Puis ce fut le tour d'Édith. Les mains disparurent sous la cape et y séjournèrent bien plus longtemps que nécessaire.

Il termina par le sac à main de la détective et accorda son laissez-passer d'un nouveau sourire autour de la torche...

Aucune sorte d'hôtesse au vestiaire, mais l'encombrement des cintres et l'inventaire sommaire des fringues et sous-vêtements qui y étaient accrochés témoignaient sans ambiguïté de la tenue plus que minimaliste de ceux qui se trouvaient déjà à l'intérieur, ainsi que de leur nombre, nettement plus conséquent que les neuf qui avaient emprunté l'accès extérieur.

– Ça commence mal, dit Sophie. Si on se plie d'emblée à la règle maison, ton petit effet de scène aura fait tellement long feu qu'on n'aura même pas eu l'occasion d'allumer la mèche.

– Le malabar ne nous a pas précisé qu'il était obligatoire de se foutre à poil avant d'entrer, nota Édith. On reste habillées. On ne s'en fera que plus remarquer.

– Ça c'est sûr, concéda Sophie en poussant une porte dépourvue de toute poignée ou serrure...

Nimbé d'un éclairage indirect et d'une ambiance musicale façon *new age*, le point de vue était gratiné.

Ni bar (bouteilles et verres jonchaient le sol), ni piste de danse, ni rien de ce qui compose habituellement l'agencement standard d'une boîte de nuit.

Seulement des coussins et des tapis, un peu partout.

Et des gens vautrés en vrac.

Plus d'une quarantaine.

Rigoureusement à poil.

Ça se suçait, ça se léchait, ça s'enfilait de tous côtés et par tous les trous.

Mais tout à coup, quelques paires d'yeux se focalisèrent sur les deux nouvelles venues, et le temps de la partouze généralisée sembla suspendre son vol.

Édith était encore enveloppée dans la cape, col remonté autour de sa perruque.

Elle paraissait pétrifiée.

Sophie, elle, caressait d'une main fiévreuse son téléphone portable au fond de sa poche de pantalon. Encore beaucoup trop tôt pour envoyer le premier signal d'appel à Gribovitch, mais surtout, surtout, elle s'en voulait de ne pas avoir pensé à *ça*.

Même si elle avait le temps de prévenir son coéquipier du coup fourré attendu, comment ferait-elle, en cas de nécessité, pour déclencher le second appel d'urgence, si on exigeait d'elle qu'elle se déloque intégralement pour se fondre dans l'ambiance ?

Le genre de détail qui peut tuer, au sens propre.

– Ma chère Édith, vous êtes donc venue ! s'enthousiasmait un gros type à petite bite ridicule qui ramenait sa graisse. Mais vous m'aviez parlé de deux amis, et je n'en vois qu'une.

– C'est l'assureur qui m'a refilé les invites, chuchota la détective à l'oreille de Sophie.

L'instant d'après, l'adipeux lui plaquait un baiser sonore sur chacune des joues, apparemment nullement surpris de la découvrir en brune.

CHAPITRE XXXVI

Le côté floconneux – presque éthéré – de l'ambiance initiale perdait du terrain au profit d'une densification progressive, insidieuse.

Non pas qu'on eût forcé sur l'éclairage ou remplacé intempestivement la musique planante par quelque chose de plus lourd, de plus agressif, mais l'immobilité persistante des partouzeurs en stand-by, leurs regards convergents sur les deux seules « textiles » de l'assemblée, finissaient par peser des tonnes.

La poitrine oppressée, Sophie n'eut aucun mal à repérer Louis Brochard, d'après la photo de lui qu'avait obtenue Anne Baroux auprès des RG.

Vautré sur un gros coussin tout au fond de la salle, il faisait partie du seul trio à ne pas avoir interrompu les activités en cours : sa main droite s'occupait d'une rousse à quatre pattes qui lui présentait une croupe avantageuse, l'autre fourrageait dans la chevelure d'une blonde en train de le sucer et de lui malaxer les couilles.

Puis, sans crier gare, l'assureur qui s'était déplacé pour accueillir Édith – affichant toujours une convivialité bonhomme qui tranchait radicalement sur l'attentisme général –, délaissa la détective et se retourna vers Sophie.

– Il y avait également une invitation pour votre mari. Il ne vous a donc pas accompagnée ? fit-il d'un ton niaiseux.

– Un empêchement de dernière minute, malheureusement. Les affaires et le décalage horaire, vous savez ce que c'est. Un coup de fil capital à passer à New York.

– Bien sûr, bien sûr. Mais ça ne doit pas vous empêcher de prendre du bon temps pour vous-même, n'est-ce pas ?

Et sans autre préliminaire, le grassouillet se mit à genoux et activa ses doigts fébriles.

Sophie eut juste le temps de déclencher le premier appel au fond de sa poche, puis de couper la communication au bout de deux ou trois sonneries, avant que son pantalon ne se retrouve sur ses chevilles avec son string.

Dans son dos, d'autres mains surgies de nulle part se chargeaient de la délester de son blouson et de son top.

Tandis que l'assureur lui ôtait ses chaussures, elle détourna la tête en direction d'Édith qui, d'un geste théâtral, se débarrassait de la cape Édépée et, seins nus jaillissant du perfecto ouvert, se campait sur ses jambes légèrement écartées, les mains sur les hanches.

– Ce petit ensemble vous va à ravir, commenta le rondouillard en achevant de retirer le pantalon et le string de Sophie. Aussi bien qu'à quelqu'un que nous connaissons tous, ici, et qui n'a pas pu elle non plus se libérer ce soir. Mais quant à moi, je vous préfère en blonde. Enlevez donc cette perruque, s'il vous plaît.

Édith croisa longuement le regard de Sophie. Elle paraissait hésiter, comme déçue par les effets quasi nuls de son numéro — d'autant que tout le monde semblait se désintéresser désormais des deux nouvelles venues pour reprendre les (d) ébats là où ils les avaient laissés.

Sauf quatre filles gloussantes qui arrachèrent respectivement le sac à main, le perfecto, la minijupe et la perruque de la détective pour l'entraîner à poil vers un amas de coussins.

Sophie décida de ne pas regretter plus que nécessaire son téléphone à présent inaccessible. Si un réel danger devait se profiler à l'horizon, ce n'était sans doute pas pour tout de suite, vu la tournure que prenaient les événements.

Pour l'heure, l'obèse, toujours à genoux à ses pieds, lui léchait la chatte à bouche que veux-tu après avoir glissé sa main droite entre ses cuisses pour lui planter une paire de doigts dans le cul.

L'un dans l'autre, Sophie aurait préféré un ou une

partenaire un peu plus présentable que ce tas de graisse à vermicelle de contrebande – voire plusieurs –, mais le boulot c'est le boulot, on n'a pas forcément le choix dans la date ni dans la qualité de l'interlocuteur.

Tant qu'il ne lui demandait pas de le sucer, c'était à peu près supportable.

Vu qu'à sa décharge, l'assureur assurait plutôt bien, question langue de boa.

Très bien, même.

CHAPITRE XXXVII

Gribovitch rongeait son frein, presque au sens propre : d'une main crispée sur sa braguette, il se molestait délibérément la base du gland à travers la toile pour museler l'érection qui venait de le reprendre à cause d'un retour image intempestif sur Sophie en train de faire jouir Édith Ollivier sous cape.

Dès que son portable avait vibré, il avait pris l'appel pour sonder l'ambiance avant les quelques sonneries au bout desquelles sa coéquipière était censée interrompre d'elle-même la communication. Seul un fond de musique à deux balles lui était brièvement parvenu. Pas d'invectives, pas de prise de bec. A priori, c'était plutôt rassurant. D'autant que le second signal d'alerte pour l'avertir d'un danger immédiat avéré n'avait pas eu lieu depuis.

Faire le mort, donc. Attendre ce putain de deuxième appel en espérant à toute force qu'il ne se produirait pas.

Usant.

Il lâcha sa braguette — ça s'arrangeait de ce côté-là – pour tirer une Gitane blonde de son paquet. Longue bouffée, jusqu'au tréfonds des alvéoles. D'habitude, un tel afflux de nicotine lui dénouait un peu les nerfs, même dans les pires situations. Mais là : rien.

Il aurait pu griller un paquet entier à la fois sans le moindre résultat.

– Tu baises, chéri ? Je te fais la totale pour cent vingt euros et je fournis la voiture avec sièges couchettes. Un prix d'ami, dans le secteur, non ?

Il se retourna. La pute était seule. Il ne l'avait pas entendue s'approcher. À peine seize ans, donc pas de permis malgré la bagnole annoncée. Blonde comme les blés, jolie comme un cœur blessé, un accent slave à couper au cutter.

Il se demanda ce qu'elle foutait là, en pleins beaux quartiers, à des kilomètres de ses congénères désormais priées d'exercer leurs talents dans la discrétion hypocrite des banlieues populaires.

Il grommela un refus sans appel. L'adolescente déçue s'éloigna en traînant la semelle compensée.

CHAPITRE XXXVIII

Sophie soupira, soulagée : l'assureur gras du bide à l'humeur festive et un peu trop collante, alors qu'il s'était redressé pour présenter son pathétique robinet à foutre qui mesurait à peine dix centimètres au sommet de sa forme, s'était fait subitement capturer par une grappe de filles peu regardantes sur la date de péremption, qui l'avaient entraîné un peu plus loin.

Les trois larrons, dont deux larronnes, qui s'offraient en remplacement s'avéraient nettement plus fréquentables : le type affichait la quarantaine à ventre plat, conquérante et fièrement membrée, et les filles avaient tout ce qu'il fallait pour illustrer avantageusement une quelconque couverture de magazine coquin.

L'homme, témoignant d'une certaine propension à l'autoritarisme, entraîna Sophie vers un tapis, sitôt suivi par ses deux acolytes féminines de toute évidence désireuses d'en découdre jusqu'à l'hallali, vu la frénésie qu'elles mettaient à s'astiquer le mistigri tout en cheminant.

Sophie essaya de se rattraper en catastrophe quand une main la saisit par la cheville dans le but avoué de la déséquilibrer, mais les siennes ne rencontrèrent que du vide.

Elle chuta lourdement sur le tapis, d'un seul bloc.

Heureusement, une autre main, perspicace, avait interposé un coussin, et sa tête ne souffrit que d'un très léger étourdissement, dû davantage à la sensation de perte d'équilibre qu'à l'impact proprement dit.

Trois secondes plus tard, l'homme lui avait saisi les cuisses par-dessous pour l'enfiler sans sommation, et l'une des filles s'était installée à califourchon sur son visage où couraient à présent quelques gouttes de nectar intime au parfum engageant.

Sophie goûta d'une pointe de langue dilettante au clito juteux.

La saveur était à la hauteur du fumet.

Quant au chibre qui lui pilonnait la chatte à grands coups de bélier, c'était du bon, du solide, du volumineux, et de surcroît mobile à souhait, parfaitement maître de son sujet.

Résultat des courses : Sophie, déjà considérablement échauffée par la langue de l'obèse, explosa subitement d'un premier orgasme qui, sans la surprendre outre mesure, lui parut cependant un peu rapide, vu le côté somme toute délicat de la situation globale.

La fille dont l'entrecuisse s'agitait contre sa bouche jouit aussi, d'un ululement sans retenue, et interrompit en conséquence sa chevauchée éperdue pour céder la place à sa copine.

Laquelle avait le bonbon encore plus goûtu et sauvagement parfumé.

Sophie savoura donc derechef, tandis que le type entre ses jambes s'était désenchatté pour s'enculer jusqu'au ras des couilles.

« Putain, songea Sophie en toute mauvaise foi, ce boulot est vraiment épuisant, parfois. »

Une pensée qui lui rappela soudain l'existence d'Édith Ollivier, qu'elle chercha des yeux entre deux plongées en apnée.

La détective n'avait pas l'air de s'ennuyer non plus : un jeunot d'honnête facture lui ramonait la foune avec une belle conviction, un autre avait fourré son énorme bite dans sa bouche manifestement consentante, et une demi-douzaine de filles se relayaient pour lui sucer les tétons...

À force – les hostilités duraient depuis au moins trois quarts d'heure sans interruption –, Sophie commençait réellement à s'épuiser. Quatre mecs l'avaient déjà baisée ou enculée, parfois les deux, cinq nanas s'étaient succédé autour de sa langue, et trois outsiders mâles s'étaient finis à la main sur elle, quasi simultanément, nappant sa poitrine et son ventre de trois giclées de foutre chacun en moyenne, ce qui finissait par faire beaucoup, question quantité.

D'autant que ce n'était pas fini : une fille l'attrapa par les cheveux pour la forcer à se redresser sur les fesses. De l'autre main, elle astiquait préventivement la bite d'un type sans doute un peu timide pour se présenter de lui-même, et tira dessus pour amener le gland à portée de sucette de Sophie.

Celle-ci décida donc d'en profiter pour varier un peu le menu de ses papilles et engouffra l'objet entre ses lèvres, sans que la fille cessât de le branler pour autant. C'était un peu compliqué pour garder l'énorme pruneau en bouche, car ça remuait beaucoup, mais elle y parvint malgré tout sans difficulté excessive.

Le mec parut apprécier : il se mit à barrir comme un éléphant qui passe une audition pour la version opéra de *Tarzan au con, go !*

Un peu court sur la tenue de la note, cependant.

Tandis que le do dièse approximatif se résolvait en bouillie fort peu mélodique, son gland cracha tel un allergique au pollen pris d'éternuements, et ça fusa en rafale.

Une bonne partie de la première giclée tutoya les amygdales de Sophie, mais il y en avait tellement que ça refoula sévère et que ça lui dégoulina du menton.

Quant aux deux projections suivantes, elles prirent la forme d'une double éjac faciale de la plus belle eau qui éclaboussa partout : les joues, les yeux, la frange en bataille, et même l'oreille gauche qui ne s'y attendait pas.

Submergée par un attroupement de langues féminines qui prétendaient prendre leur part de la livraison, Sophie se laissa nettoyer jusqu'à la dernière goutte en essayant encore une fois de se tracer un chemin visuel en direction d'Édith Ollivier.

En pure perte : la détective n'était plus là où elle se trouvait précédemment.

Par instinct, Sophie comprit soudain que c'était maintenant que ça allait se gâter.

Elle chercha ses vêtements du regard.

Surtout son pantalon dans la poche duquel se trouvait encore — en principe — son portable.

Rien.

Quelqu'un avait fait le ménage.

Même sa cape et l'ensemble cuir d'Édith avaient disparu.

L'éjaculateur forcené et la fille qui continuait toujours de lui branler la bite gluante et ramollie, reculèrent.

Les lécheuses de sperme opportunistes également.

Le cœur dans la bouche, Sophie vit s'approcher Louis Brochard, un imperceptible sourire aux lèvres.

D'une main, il tenait celle d'une adolescente, manifestement hésitante, qui le suivait en retrait en masquant la pilosité de son bas-ventre.

De l'autre, il brandissait un sabre japonais, dont la lame courte et légèrement courbée était aussi nue que le gland de son sexe en érection.

CHAPITRE XXXIX

Gribovitch, à court de Gitanes blondes, n'y tenait plus.

Presque deux heures du matin.

La place Victor-Hugo était à présent totalement déserte – même la jeune transfuge de l'Est déshabillée par les courants d'air du libéralisme mondialisé n'avait pas repointé le bout de son minois tarifé : sans doute avait-elle migré pour un quartier de Paris un peu plus pourvu en amateurs de chaleur venue du froid.

Seules deux personnes – un couple bras dessus bras dessous, de toute évidence des résidents – étaient entrées dans l'immeuble, mais personne n'en était sorti, ni par l'escalier extérieur, ni par la porte principale.

Et surtout, Sophie n'avait pas lancé le second signal.

Tout ça fleurait, non pas le calme qui précède la

tempête, mais celui qui la masque corps et bien.

Son portable en main, Alex hésitait encore.

Une brusque décharge d'adrénaline, totalement incontrôlable, le submergea jusqu'au bout des neurones.

Il enfonça la touche d'appel et porta l'appareil à son oreille.

Messagerie.

Sa coéquipière avait éteint son téléphone.

Ou, beaucoup plus problématique : quelqu'un s'en était chargé à sa place.

Il s'extirpa de son recoin.

Aussitôt, un bataillon de fourmis monta à l'assaut de ses orteils tétanisés par l'immobilité et la fraîcheur de plus en plus mordante.

Il tira son carton d'invitation de la poche intérieure de son blouson et, au passage, déverrouilla le cran de sûreté de son flingue sous son aisselle.

Si un vigile à la con se mettait en tête de procéder à une fouille en règle, il allait y avoir des mots.

Tant pis pour les éventuelles conséquences sur l'enquête : Gribovitch redoutait le pire, et plus rien ne pourrait l'arrêter...

Au pied de l'escalier, une porte métallique, ouverte sur un couloir de béton.

Noir.

Alex alluma son briquet.

Au bout, une sorte de vestiaire sommaire, mais vide de tout oripeau : des cintres nus, certains emmêlés à leurs voisins.

Personne.

Une nouvelle porte, pleine, sans poignée ni serrure.

Gribovitch la poussa.

Elle ne grinça même pas.

De l'autre côté, à la lueur vacillante de la flamme, il distingua des tapis, des coussins, des cadavres de bouteilles à même le sol, des verres renversés.

Pas âme qui vive.

Un silence de mort.

Son cœur s'arrêta de battre, le temps d'une ou deux pulsations.

Il ralluma son briquet dont il avait brusquement écarté son pouce, brûlé par la chaleur de la molette.

Comme une... flaque sur le sol, à peu près au milieu de la vaste salle.

Une flaque sombre, qui débordait d'un tapis...

Gribovitch, le cœur et les nerfs en charpie, suivit les traces des gouttes résiduelles qui s'étaient de toute évidence échappées d'un cadavre presque totalement vidé de son sang, qu'on avait emporté.

Jusqu'à une autre porte, elle aussi ouverte, tout au fond de la salle.

Elle donnait sur un couloir plus étroit que le premier.

Lequel conduisait au pied d'un autre escalier, à l'arrière de l'immeuble.

Il le gravit de ses semelles de plomb.

Paris était mort, et froid.

Il fit le tour du bâtiment pour rejoindre la Mégane banalisée des Affaires Spéciales, qu'il avait prise au cas où la nécessité d'une filature se profilerait à l'horizon.

Sauf qu'il n'y avait plus personne à filer.

CHAPITRE XL

Gribovitch traversa la moitié de Paris à une allure totalement incompatible avec les principes de Roger Dallant quant à l'égard dû aux lois de la République par les fonctionnaires censément chargés de les faire respecter.

Jamais il n'avait roulé aussi vite en ville.

Heureusement, à cette heure-ci, la plupart des citoyens ordinaires cuvaient leur précédente journée de boulot d'un sommeil de plomb : à part deux fêtards bourrés assis en tailleur au beau milieu de la chaussée, qu'il évita de justesse, et un taxi de nuit sans clients à l'intérieur qui rentrait sans doute au garage, il ne faillit occire ni emboutir personne.

Les premières minutes du rodéo s'étaient de surcroît soldées par une difficulté particulière : une main gauche mobilisée par son portable, avec lequel il avait appelé la rue de Lutèce où Dallant était resté passer la nuit en compagnie de Griffon et d'Anne Baroux, au cas où.

Les pneus crissaient.

Le moteur hurlait.

Le cerveau d'Alex ressassait.

Toutes ces années ensemble, avec Sophie.

Au point de faire déborder le tandem du boulot sur la vie privée, quand ils avaient acheté la maison de la rue Bernache.

Sentiment amer, écœurant, de vivre la fin de quelque chose dont il mesurait à quel point ça lui était essentiel.

Refus, révolte, envie d'envoyer chier le monde entier.

Plus que deux ou trois minutes avant l'île de la Cité.

Dallant ne l'avait pas rappelé.

CHAPITRE XLI

Gribovitch surgit en trombe à la réception des Affaires Spéciales, où le siège inoccupé de Karine augmenta encore la sensation de vide absolu qui lui tordait les tripes.

– Alors ! ? gueula-t-il en se jetant sur un paquet de Gitanes blondes neuf, qu'il avait oublié sur son bureau.

Il l'ouvrit à gestes fébriles, brisa malencontreusement la première cigarette, alluma la seconde et inspira une profonde bouffée.

– Si j'avais quelque chose, je t'aurais rappelé, évidemment, soupira Dallant qui tripotait des curseurs face à l'écran d'une base GPS qu'il avait apportée sur place. Mais rien, nom de Dieu, je n'ai absolument rien.

– Ce qui veut dire ? s'étrangla Alex qui connaissait déjà la réponse.

– Que la puce que je lui ai injectée sous la peau est

hors service, confirma l'as de la Scientifique. Et ce genre de bestiole de haute technologie n'est pas du style à rendre l'âme pour un oui ou pour un non. On la lui a retirée, et détruite.

Gribovitch toussa, irrité par une bouffée dans la mauvaise gorge.

– Ça prouve que ces gugusses ont de la jugeote, et on avait de bonnes raisons de le craindre, fit-il. Tu avais parlé d'une roue de secours, sans préciser. Rien non plus de ce côté-là ?

– Non.

– C'était quoi ?

– La soi-disant pilule anti-inflammatoire que je lui ai fait avaler sous prétexte d'éviter une rougeur trop visible au niveau de la cicatrice. Il s'agissait en fait d'une seconde puce, noyée dans l'excipient du comprimé. Je ne voulais rien en dire à Sophie parce qu'il est préférable, au cas toujours envisageable d'un interrogatoire musclé, de n'avoir aucune réponse à fournir.

– Et... celle-là ne donne rien non plus ?

– Non. Hors service elle aussi. Ils l'ont fait vomir. Ou alors carrément un lavement. C'est plus que de la jugeote : c'est de l'acharnement préventif. Je fais pour l'instant abstraction délibérée de procédés d'extraction encore plus radicaux, bien entendu.

Gribovitch frémit. L'image sordide de la flaque sombre lui noyait le cerveau.

– Sophie est du groupe B positif, rappela-t-il en tirant de sa poche l'un des sachets plastique dont il avait toujours quelques exemplaires sur lui. Tu as ce qu'il faut pour analyser ça sans retourner à ton labo ?

– Je me sépare rarement de ma mallette miracle, tu le sais, fit Dallant en s'emparant du prélèvement. C'est l'affaire de quelques minutes...

Roger leva un nez victorieux, encadré de deux joues gonflées par le soulagement.

– Groupe A, dit-il. Ce sang n'est pas celui de Sophie.

Alex souffla lui aussi. Il se tourna vers Anne Baroux.

– Les mobiles et la stratégie de ces enflures nous étant jusqu'à nouvel ordre totalement opaques, on ne doit évacuer aucun développement possible, même improbable. Auriez-vous quelque part dans votre dossier des infos sur le groupe d'Édith Ollivier.

– Je crois bien avoir vu ça passer.

Anne Baroux fouillait déjà dans le contenu d'une imposante chemise cartonnée. Par-dessus son épaule, Griffon massacrait avec l'énergie de l'insomniaque volontaire un capuchon de stylo censé lui maintenir l'esprit éveillé par mandibules interposées.

– J'ai, signala Anne. Rien à voir non plus quoique compatible : la dame est donneuse universelle.

– Vu sa propension à jouer les caméléons, ça ne me surprend pas, nota Gribovitch.

– D'où vient ce sang ? s'informa Griffon.

– D'un cadavre, vu la quantité que j'ai trouvée par terre, dans le sous-sol par ailleurs désert quand j'y ai déboulé. Bon, ce n'est pas celui de Sophie, c'est l'essentiel. N'empêche que tout ce petit monde s'est évanoui dans la nature avec elle, et qu'on n'a plus aucun moyen de la localiser. Son portable ne répond plus, évidemment. Étant donné les précautions prises par les ravisseurs, qui sont allés jusqu'à dénicher la puce de secours, inutile de s'acharner de ce côté-là.

– On a tenté le coup dès que Roger a constaté la destruction des mini-balises. La recherche n'a effectivement rien donné, y compris pour le mobile de la détective.

– Bref, on est dans la merde.

– C'est assez bien résumé, conclut Griffon.

CHAPITRE XLII

Alex gara la Mégane à distance de l'immeuble C de la cité HLM du XIIIe arrondissement et poursuivit à pied en rasant les murs. Il n'y croyait pas, mais en tout état de cause, inutile de prendre le risque d'une arrivée trop visible.

Aucune lumière au neuvième étage.

Il entra dans le hall qu'avait autrefois protégé un digicode à présent hors service.

De la musique, assourdie, plus haut.

Ascenseur...

Il s'abstint d'éclairer le palier.

De la cage d'escalier montaient toujours les basses d'une chaîne hi-fi, gommées par la distance. Sans doute les stigmates tardifs d'une petite fête maison, quelques étages en dessous.

Comme la fois précédente, il colla son oreille au panneau.

Aucun bruit, pas même le ronflement du frigo.

Il dégaina son flingue et son rossignol...

Rien n'avait changé depuis sa dernière visite en compagnie de Sophie, jusqu'à l'ensemble cuir de Florence Ney/Adeline Delteil qui le narguait sur la pile de fringues dans la valise ouverte.

Si la planque était vraiment destinée à servir un jour, ce n'était pas pour séquestrer sa coéquipière.

Il ressortit avec une conviction d'abord fugace, puis de plus en plus tenace : la découverte du pot-aux-roses, y compris cet appartement loué sous son vrai nom par la soi-disant Florence Ney et occupé sous un autre nom d'emprunt, avait été prévue. Un leurre de plus pour noyer le poisson. Ce qui impliquait une donnée nouvelle et pas piquée des vers : la représentante en systèmes d'amaigrissement recyclés en godemichés de l'ultime orgasme n'avait strictement rien à foutre d'être démasquée à terme sous sa véritable identité. Ça expliquait bien des choses, sans apporter de solution.

Plus qu'à retourner rue de Lutèce, la queue entre les jambes.

CHAPITRE XLIII

Sophie se tordait de douleur, encore tétanisée par les stigmates du lavement qu'on lui avait administré par les deux bouts, sans attendre, dans la camionnette où on l'avait traînée après que Brochard lui eut retiré, à la pointe du sabre, la première puce planquée dans le repli de son aisselle gauche — sans aucun doute préalablement repérée au toucher par l'une des filles qui l'avait pelotée, et qui savait très bien ce qu'elle cherchait.

Elle s'était littéralement vidée, comprenant les raisons de ce lessivage interne : prudents à l'extrême, ses ravisseurs craignaient l'existence d'une seconde puce – elle avait alors repensé au cachet que Dallant l'avait forcée à avaler, sans rien lui dire de ce qu'il contenait vraiment pour lui éviter toute tentation de capituler en cas de torture, et en avait eu la confirmation quand Brochard, secoué d'un rire sardonique, avait écrasé quelque chose du talon parmi les flots de bile et de diarrhée qui nappaient le plancher de la camionnette.

Elle avait quand même eu droit à une douche à l'arrivée, durant laquelle elle avait ressassé en boucle le souvenir terrible de l'agonie de cette pauvre gamine massacrée à coups de sabre, qui s'était littéralement vidée de son sang, en essayant jusqu'au bout de refermer à mains nues les lèvres de ses plaies immondes.

Pourquoi avait-il fait ça, sous ses yeux et les regards ébahis de ses affidés dont aucun n'avait dit un mot – y compris les neuf nouvelles recrues qui s'étaient contentées de trembler comme des feuilles sous la brise ?

Pour qu'elle puisse faire le rapprochement, sans ambiguïté, avec le cadavre de la fille sans tête et sans mains retrouvé dans le container à ordures à deux pas de chez lui ?

Pour qu'elle lui offre le plaisir sadique de la voir crever de trouille en attendant sa propre exécution – son propre sacrifice rituel ?

Sophie contracta encore une fois ses abdominaux pour combattre une ultime nausée résiduelle, puis le volcan de ses entrailles s'apaisa soudain.

Immense soulagement.

Elle était toujours entièrement nue.

Ligotée par les poignets et les chevilles aux montants d'un vaste lit, à même le matelas, dans une pièce sans autre meuble aux murs décrépis et au plafond haut perché, d'où pendait une simple ampoule au bout de son câble.

Où se trouvait-elle ?

Combien de temps avait duré le trajet ?

Elle n’en avait pas la moindre idée, trop occupée alors à lutter contre la douleur.

Elle cessa de respirer.

Une clé remuait dans la serrure de la porte...

– Sœur Florence, ma chère sœur Florence. Que voilà notre amie dans une inconfortable position, n’est-ce pas ? Et toi, petite sœur Lou, qu’en penses-tu ?

Du bout du fourreau de son sabre japonais, Louis Brochard caressa le menton de la jeune fille qui se fendit d’un sourire niais, sans répondre.

Sophie estima qu’elle avait à peine dix-huit ans, peut-être moins. Elle ne se rappelait pas l’avoir vue à la soirée

– Va lécher les jolis seins de notre amie, petite sœur Lou, continua Brochard. Elle nous a déjà montré qu’elle adorait ça. Ça lui remontera le moral.

– Oui, frère Louis. Tout de suite, frère Louis, obtempéra la fille.

Sophie ferma les yeux tandis que les longs cheveux bruns se répandaient sur sa poitrine, pour ne plus croiser le regard de sœur Florence qui la narguait d'un air aussi hautain qu'autosatisfait.

Quand elle les rouvrit, ce fut pour constater que Louis Brochard, après avoir passé le sabre à sa complice, était en train d'écarter les fesses de la jeune Lou pour l'enculer jusqu'à la garde.

Celle-ci encaissa le choc d'un profond soupir avant de se remettre à sucer les tétons de Sophie qui, la mort dans l'âme, vit sœur Florence extraire lentement de son fourreau la lame encore souillée du sang de leur précédente victime.

CHAPITRE XLIV

Gribovitch consulta sa montre : presque cinq heures du matin. Bientôt, le Paris des gens normaux allait se remettre à vivre, le métro à rouler, les boulangers à ouvrir leurs boutiques sur des montagnes de croissants chauds. La presse du jour inonderait les kiosques, pour une nouvelle tranche des malheurs du monde. Mais le malheur, les catastrophes, les attentats, les guerres, c'est aussi, paradoxalement, la vie qui continue son bout de chemin, qui s'accroche désespérément aux wagons.

Alex, lui, malgré le diagnostic de Dallant sur un sang qui n'était pas celui de sa coéquipière, ne parvenait pas à se départir de cette sensation de vide sidéral qui l'avait saisi dès que le portable de Sophie n'avait plus répondu, et qui persistait depuis.

Sentiment d'impuissance totale, cette plaie ouverte sur l'apathie du renoncement.

Réagir. Il fallait réagir.

Il alla se servir un énième gobelet à la machine à café, l'avala presque d'un trait, et revint s'installer lui aussi autour de la table où officiaient déjà Griffon, Roger Dallant et Anne Baroux, en train d'éplucher à tour de rôle chaque feuillet du dossier que celle-ci avait réuni.

Il s'empara d'une liasse. Rien de ce qui était écrit ne lui parlait. Reconstitution détaillée du CV de Louis Brochard. Fiche des RG sur la détective Édith Ollivier. Topo raturé sur Florence Ney, dont la fausse identité avérée rendait encore plus fantomatiques, irréelles, les rares infos sur ce qu'on savait d'elle sous ce nom-là.

Tout ça semblait désincarné, sans la moindre vie. Des mots sur du papier, rien d'autre.

Afin de s'arrimer plus solidement à un univers tangible qui le fuyait, il se replongea dans les éléments concernant la véritable identité de la criminelle. Sa jeunesse reconstituée, son parcours, ses hobbies, ses relations en province avant qu'elle ne monte à Paris. Le monde reprenait une certaine consistance. Là était la clé de tout ce micmac, au plan strictement événementiel. Mais rien, absolument rien, qui pût conduire aux mobiles d'une telle machination.

C'était à devenir fou.

Il se releva en bousculant sa chaise, alluma une Gitane blonde qu'il alla griller à la réception, chassé par un grognement de Griffon qui, contraint par les interdictions draconiennes de son cardiologue, ne supportait pas plus les tentations de la fumée de cigarette que les effluves de café.

Il s'installa sur le siège de Karine. Combien de centaines, de milliers de matins, était-il passé avec Sophie de l'autre côté de ce bureau, découvrant avec elle les multiples provocations des accoutrements improbables de la jeune femme, essuyant ses vannes et ses piques aussi vertes qu'un bocage normand?

Et la maison de la rue Bernache?

Il y avait des tas de papiers à parapher, à signer et à renvoyer dernier délai en début de semaine prochaine, pour confirmer la résiliation de leur contrat d'assurance au profit d'une nouvelle compagnie aux tarifs nettement moins assassins. Une formalité assommante qui nécessitait la signature des deux copropriétaires.

Alex inspira une longue bouffée pour tenter de se remettre l'esprit en état de marche.

Qu'est-ce qu'il en avait à foutre, de cette histoire d'assurance!

Il s'arracha du siège de Karine et déplia sa longue carcasse. Des courbatures partout, à cause du stress et du manque de sommeil. Sophie n'aurait pas manqué de le chambrer là-dessus, sur les années qui s'éloignent inexorablement des vingt ans, sur la retraite qui finirait par pointer un jour à l'horizon de son coéquipier.

Il décida que si cette affaire de merde se terminait

aussi mal qu'il le redoutait, il la prendrait, sa putain de retraite. Et sans attendre la date légale. Démission sans appel. Revendre la rue Bernache, dont il n'avait de toute façon pas les moyens de rembourser les emprunts tout seul. Une masure minuscule au fin fond de la cambrousse – qu'il détestait, mais Paris sans Sophie et le boulot ne serait plus jamais Paris. Un bout de jardin autour – il n'y connaissait rien en potager, mais il y avait des bouquins pour ça.

– Gribovitch ! beugla Griffon. Ramenez votre couenne, nom de Dieu ! Anne a peut-être mis le doigt sur quelque chose.

CHAPITRE XLV

Sophie n'en pouvait plus : la fille que Brochard appelait « petite sœur Lou », non contente de lui sucer les mamelons tout en se faisant pilonner le cul, avait laissé la trace humide de sa langue depuis ses seins jusqu'au bas-ventre pour lui lécher à présent la chatte, complétant son office d'au moins trois doigts dans l'anus.

La captive se tordait sur le lit, tentant à toute force de refouler la montée de son plaisir. Mais la langue et les doigts de Lou étaient les plus forts. Sophie sentait son clitoris gonfler démesurément. Vaincue, elle explosa d'un orgasme formidable en hurlant comme une sorcière qu'on mène au bûcher.

Quand elle rouvrit les yeux, laminée par la jouissance, ce fut pour voir « sœur Florence » empoigner la tignasse de la jeune fille, lui rabattre la tête en arrière et l'égorger d'un seul coup de sabre, d'une oreille à l'autre.

Horrifiée, Sophie bâilla sur le silence de sa stupéfaction, tétanisée par le dégoût.

Le sang de Lou giclait par saccades sur sa poitrine, sur son visage, entre ses lèvres.

Elle recracha ce qu'elle pouvait.

Brochard, les yeux déments, continuait de défoncer le cul de l'agonisante. Il s'en retira bientôt, le gland luisant de sperme, tandis que le corps pantelant de la malheureuse s'affaissait lentement en travers du ventre de Sophie.

– Mais pourquoi ?! s'étrangla-t-elle en retrouvant l'usage de la parole.

– Ce n'est pas fini, répondit la meurtrière sans l'éclairer, après avoir léché la lame sanguinolente avec avidité. Toi aussi, tu finiras par y passer. Mais avant, on a encore tellement de choses à faire ensemble, tous les quatre. Petite sœur Lou est un peu morte, c'est vrai, mais ça ne va pas l'empêcher de continuer à jouer avec nous.

Sophie eut alors la conviction que l'enfer n'était pas une invention de bigots.

CHAPITRE XLVI

Gribovitch trépignait intérieurement, suspendu aux paroles qu'allait prononcer Anne Baroux. Celle-ci avait si souvent démontré qu'elle était capable de dénicher, dans un fatras indigeste d'éléments disparates, celui que personne n'avait remarqué et qui pouvait à lui seul relancer la machine en panne, que sa foi en l'avenir immédiat recommençait à prendre des couleurs.

– Je ne sais pas si ça nous conduira quelque part, fit-elle en usant des précautions oratoires dont elle était coutumière, mais il y a un petit détail dans le rapport sur la disparition de Renée Lavigne qui n'a pas été creusé par les enquêteurs. Il faut dire qu'elle était majeure et que les soupçons d'embrigadement par une secte ne reposaient d'une part que sur les impressions des parents, et d'autre part ne constituent pas un délit en soi. Les jeunes adultes qui désertent un carcan familial trop pesant et qui réapparaissent quelques jours ou quelques semaines plus tard, c'est monnaie courante, nous le savons tous. À ce moment-là, personne ne pouvait deviner que son cadavre mutilé finirait trois mois plus tard dans un container à ordures.

– Venez-en au fait, Anne, s'agaça Griffon. Si la piste que vous pressentez s'avère stérile, personne ne vous en voudra.

– Il s'agit d'une certaine Alexia Barouin, amie de la jeune Lavigne. Le rapport indique que cinq jours après la disparition, elle a reçu un coup de fil émanant d'un numéro qui ne figurait pas dans le répertoire de son portable. Mais son correspondant n'a pas prononcé un mot avant de raccrocher. Sa correspondante, devrais-je dire, quoique ce ne soit pas certain. Alexia pense que la respiration qu'elle a entendue était féminine. Mon raisonnement est peut-être tiré par les cheveux, mais si l'on part du fait que Renée Lavigne avait laissé son propre portable dans sa chambre avant de s'évanouir dans la nature, et en supposant qu'au bout de quelques jours, elle ait été prise par l'envie d'appeler son amie afin de s'expliquer, pour finalement y renoncer au dernier moment et raccrocher sans parler... Vous me suivez? Elle peut l'avoir fait depuis un téléphone fixe, là où elle se trouvait à ce moment-là, et cela à l'insu des autres occupants des lieux. On peut même émettre l'hypothèse qu'elle a été dérangée et qu'elle a raccroché par nécessité avant de s'être décidée à parler à son amie. Vous voyez où je veux en venir ? Vu comment elle a fini, il est très improbable que cette fille, si elle était sous la coupe de l'ECIJ, ait été... disons, hébergée dans un endroit officiellement lié à l'un ou l'autre des membres importants de l'association. Et c'est forcément également le cas pour Sophie. De là à penser que cet endroit est le même, et doté d'un téléphone fixe dont il nous suffirait de dénicher le numéro...

– Ce putain de numéro de téléphone n'est pas mentionné dans le rapport ? ! s'étrangla Alex.

– Non, malheureusement. Je vous l'ai dit : la disparition de Renée Lavigne était encore très récente. Les enquêteurs ont laissé tomber cette histoire d'appel inabouti, qui pour eux relevait probablement de la simple blague de mauvais goût. Mais peut-être cette Alexia a-t-elle enregistré machinalement ce numéro sur son portable, ce qui nous éviterait d'attendre les résultats d'une demande auprès de son opérateur.

– Et son numéro à elle, vous l'avez, j'espère ?

– Il figure au rapport avec le reste de ses coordonnées : 06...

Gribovitch pianota les chiffres sur le clavier de son propre appareil au fur et à mesure qu'Anne Baroux les lui délivrait...

– Merde, messagerie, fit-il en enfonçant rageusement la touche de fin d'appel. Elle éteint sans doute son téléphone pendant la nuit. Elle vit à Paris ?

– Oui. Rue des Petits Hôtels dans le xe, au...

Griffon mêla sa voix à celle d'Anne Baroux tandis qu'Alex mémorisait l'adresse complète en enfilant son blouson.

– L'heure légale d'emmerder les gens n'a pas encore sonné, Gribovitch.

– Le temps que je débarque là-bas, on n'en sera pas loin. Si cette fille a déjà appris par les parents de Renée Lavigne ce qui est arrivé à sa copine, ça m'étonnerait qu'elle m'envoie aux pelotes pour une grosse poignée de minutes.

CHAPITRE XLVII

Si le double lavement ne lui avait pas lessivé le système digestif, y compris son estomac, Sophie aurait vomi comme jamais elle ne l'avait fait de sa vie : secouée par les spasmes d'inutiles nausées, elle grimaçait d'horreur et de douleur.

La redoutable « sœur Florence » l'avait libérée de ses entraves, puis, tandis que Brochard brandissait un automatique, elle l'avait obligée de la pointe du sabre à enfourcher le corps sans vie de la jeune Lou, à présent étalé sur le dos, les bras en croix, gorge ouverte, baignant dans son sang qui imbibait peu à peu le matelas.

La meurtrière lui avait ensuite tendu l'arme blanche pour lui signifier d'une voix glaciale ce qu'elle attendait d'elle, après avoir récupéré un caméscope jusque-là planqué sous le lit en compagnie du flingue.

Sophie, s'attendant au pire, n'en avait pourtant pas cru ses oreilles. Son cerveau s'était empli d'une nuit insondable au fil des paroles aussi monstrueuses qu'incroyables.

Le mental en charpie, toute volonté anéantie par la menace sans ambiguïté de l'automatique pointé vers sa tête, elle avait refermé ses doigts tremblants sous la garde du sabre et inséré le tranchant de la lame dans la plaie béante.

– Appuie de toutes tes forces, gueula Florence en braquant son caméscope qui tournait. Je t'ai dit de la décapiter, alors tu la décapites !

– Mais pourquoi ? essaya encore une fois Sophie d'une voix à peine audible. Des snuff movies, c'est ça ? Vous financez votre secte pourrie avec un trafic de films de meurtres en direct live ? Mais qu'est-ce que je viens foutre là-dedans, nom de Dieu ? Pourquoi moi ?

– D'une certaine façon, tu as vu juste, mais... disons que c'est un peu plus compliqué que tu ne le penses. En tout cas on a déjà d'excellentes images de toi en partouzeuse. Eh oui, là-bas aussi tu étais filmée. Un bon montage de tout ça, et ce sera parfait.

Sophie lutta pour ne pas s'évanouir.

Elle sentait le fil de la lame crisser sur la colonne vertébrale du cadavre.

CHAPITRE XLVIII

Après avoir pris note du numéro de palier sur la boîte aux lettres d'Alexia Barouin, Gribovitch attaqua l'escalier vétuste au pas de course. Sept étages à se farcir. Sophie – toujours Sophie ! – lui aurait dit que ce n'était plus de son âge.

Il parvint à bon port exténué, la tête en manège infernal et les poumons en feu.

Une seule porte sous un plafond incliné : sans aucun doute un minuscule studio aménagé dans les combles, il n'y a pas de petit profit pour les marchands de sommeil.

Il frappa violemment au panneau. Le moment n'était ni à la délicatesse, ni aux civilités.

Brève prière au dieu des flics pour que la fille ne soit pas allée passer la nuit chez son queutard du moment.

Huit à dix secondes, interminables.

Rai de lumière sur le parquet pourri.

– C'est qui, bordel? s'enquit une voix manifestement effrayée par le vacarme et l'heure indue.

– Police. Désolé du dérangement, mais j'ai absolument besoin de vous parler. C'est à propos de Renée Lavigne. Je vous glisse ma carte sous la porte.

Encore une dizaine de secondes. Le verrou s'agita enfin.

Une brunette aussi frêle que jolie, cheveux en bataille, paupières gonflées, en long tee-shirt froissé sur ses jambes nues, lui ouvrit et lui rendit sa carte tricolore.

– Entrez, marmonna-t-elle. Chuis déjà au courant, pour Renée, vous savez. Son père m'a appelée, hier soir. Si je m'étais pas gavée de somnifères, j'en aurais pas dormi de la nuit.

– Désolé, sincèrement, répéta Alex en refermant la porte derrière lui. Je suis là pour ce coup de fil bizarre que vous avez reçu cinq jours après sa disparition.

Bref silence. Le temps que la jeune fille remette un peu d'ordre dans ses neurones englués par les somnifères, Gribovitch confirma son diagnostic: le « studio » faisait à peine douze mètres carrés, avec au fond un lit d'une place encastré entre le plancher et la partie basse du plafond. De quoi s'assommer au moindre réveil intempestif. À vue de nez, la « salle de bains » masquée par un simple paravent était tout juste suffisante pour héberger un bac de douche.

– Ah... Les autres keufs avaient pas l'air d'y porter

beaucoup d'intérêt, pourtant, finit par réagir la locataire.

– Je sais. C'est différent, maintenant.

– Mouais... Si vous vous étiez mis au boulot sans attendre qu'un cadavre vous tombe sur les bras, Renée serait peut-être encore vivante. Merde, j'en reviens toujours pas, de ce qui lui est arrivé. C'est tellement...

– Je n'étais pas en charge de cette enquête, précisa Alex. Mais il se trouve que les ordures qui ont massacré votre copine sont probablement les mêmes que celles qui détiennent en ce moment ma coéquipière. Si c'est Renée qui vous a appelée ce jour-là, elle était peut-être séquestrée au même endroit. Vous avez gardé le numéro qui s'est affiché sur votre écran ?

– Non. J'avais aucune raison de l'enregistrer, sans compter que mon répertoire était déjà saturé. C'est quand les autres flics m'ont appelée pour savoir si j'avais eu des nouvelles que je leur en ai parlé. Eux aussi ils m'ont demandé si j'avais gardé le numéro, mais entre-temps, j'avais correspondu avec largement plus de monde que les dix numéros du journal des derniers appels. De toute façon ils ont pas insisté. Je vous l'ai dit : cette histoire de coup de fil, ça les intéressait pas vraiment. Qu'est-ce que vous avez ? Vous êtes tout pâle.

– Nuit blanche, prétexta Gribovitch.

– Ça doit pas être difficile, pour vous, de remonter à ce numéro à partir du mien.

– L'affaire de quelques heures à compter de la prochaine ouverture des bureaux. Assez pour que ma coéquipière finisse dans le même état que... Excusez-moi, je ne voulais pas...

– Au point où j'en suis, y a pas de mal. Vraiment désolée de ne pas pouvoir vous faire gagner du temps. À moins que... Ouais, faut voir...

– Voir quoi ? espéra Alex.

La jeune fille alla s'asseoir sur son lit, dos courbé à cause du plafond trop bas. Elle farfouilla parmi une ribambelle de papiers en vrac sur un carton qui lui servait de table de chevet.

– Si vos collègues avaient insisté, j'y aurais sans doute pensé aussi. Quand je reçois des appels de numéros qui sont pas dans mon répertoire, je les enregistre aussitôt si c'est une copine ou un copain qui me prévient qu'il en a changé. Ça arrive souvent, chez les jeunes, vous savez. On guette les promos, et garder le même numéro d'un opérateur à l'autre, la plupart du temps c'est payant. Sinon, quand c'est des numéros de gens que j'appelle pas assez souvent pour en encombrer ma carte SIM, je les note sur un bout de papier pour vérifier plus tard s'ils sont déjà ou pas dans mon carnet d'adresses. En fait je vérifie jamais, tellement c'est le foutoir dans ce calepin. Il m'arrive même de le faire, machinalement – écrire les numéros, je veux dire –, pour ceux dont je sais pertinemment qu'ils ne me serviront plus. Je me rappelle pas, mais pas impossible que celui-là aussi je l'aie noté, par réflexe. Si c'est le cas, je devrais facilement le retrouver. Y a au moins une chose dont je me souviens : c'était un numéro de fixe. À part mes vieux, tous les gens qui m'appellent, c'est des portables.

Alex, à bout de nerfs, se demanda quel aurait été le débit de cette fille si elle n'avait pas pris de somnifères.

– Voilà, ça doit être celui-là, fit-elle en brandissant un bout de papier froissé. Ouais, j'en suis même sûre, maintenant que ça me revient : il se terminait par 87. Je l'avais remarqué parce que c'est mon année de naissance. Putain, ils auraient dû insister, les autres gros nuls. C'est carrément leur faute, si Renée est...

Gribovitch, survolté, l'interrompit en lui prenant la tête à deux mains pour l'embrasser sur le front.

Cinq secondes plus tard, il dévalait l'escalier, son portable à l'oreille.

– Patron, fit-il entre deux halètements. Le temps que je revienne, vu que vous n'êtes pas des plus rapides sur un ordi, vous demandez à Anne Baroux ou à Dallant de se brancher sur l'annuaire inversé et de dégoter le nom et l'adresse de l'abonné correspondant au numéro que je vais vous donner. Vous avez de quoi noter ?

CHAPITRE XLIX

Sophie, de nouveau entravée – cette fois à genoux au sol, les poignets ligotés derrière son dos au montant de la tête de lit –, ne pouvait détacher son regard du cadavre décapité de la pauvre Lou.

Elle l'avait fait ! Sous la menace, certes, mais elle l'avait fait.

Elle avait appuyé de toute la force dont elle disposait, le visage noyé de larmes. La colonne vertébrale avait continué un moment de résister, puis le tranchant de la lame s'était frayé un chemin entre deux cervicales et la tête sectionnée avait basculé d'un coup, s'affaissant sur le matelas du côté de la joue gauche.

Laminée par l'horreur de son geste, Sophie avait ensuite espéré, tout au fond de son cerveau réduit à néant, que ces deux ordures en finissent rapidement.

Comment pourrait-elle continuer de vivre avec cette image indélébile défilant en boucle à l'intérieur de sa tête !

Mais Brochard et sa monstrueuse acolyte ne semblaient pas décidés à écourter son calvaire. Ils avaient abandonné le sabre, le flingue et le caméscope pour se vautrer sur le lit à côté du corps mutilé. Ils s'envoyaient en l'air au cœur de l'immense tache du sang de leur victime. Brochard pilonnait le cul de « sœur Florence » en beuglant. Chaque fois qu'il s'apprêtait à jouir, celle-ci se contorsionnait du bassin pour le contraindre à se retirer. Puis elle se retournait et lui empoignait les couilles, engouffrait son gland entre ses lèvres, le suçait quelques secondes et le relâchait. L'autre grognait et lui attrapait de nouveau les hanches pour reprendre sa place entre ses fesses. Il voulait jouir dans son cul, manifestement, mais elle ne le laissait pas aller jusqu'au bout. Elle recommençait son manège, le suçait encore une fois. Ça ne pouvait pas durer éternellement : il finit par lui éjaculer dans la bouche en hurlant son plaisir.

Florence libéra le gland, serra les lèvres, se déjeta sur le lit et cracha la totalité du sperme au visage de Sophie.

Chose faite, elle éclata de rire.

CHAPITRE L

– Levez un peu le pied, nom de Dieu ! gueula Griffon. À force de risquer un tonneau toutes les trois secondes, on va finir par vraiment se planter, et c'est pas ce qui nous aidera à arriver à temps si l'adresse est la bonne.

Gribovitch se fit violence pour réduire l'allure d'enfer. La réflexion lui rappela une autre situation similaire[1], où c'était le directeur de la police en personne qui l'avait supplié de ralentir, et non pas le patron des Affaires Spéciales qui se contentait de chier d'angoisse dans son froc en silence. Cette fois-là, Sophie était elle aussi dans la Mégane.

Il essaya de faire le vide dans sa tête pour se concentrer sur sa conduite. En pure perte. Les souvenirs défilaient. Une autre affaire, un peu plus récente, où Sophie s'était également retrouvée dans la gueule du loup pour tenter d'arracher à ses tortionnaires une

1. Voir *la Plombière*, Police des Mœurs n° 164.

certaine Eurasienne passée maîtresse en l'art de se fourrer dans les emmerdements majeurs[1]. Mais il était avec elle, dans la même galère. À deux, on s'épaule, on guette l'instant favorable pour réagir et se tirer ensemble du merdier.

Il s'ébroua mentalement. Ne plus penser, ne plus ressasser. Foncer.

Il recommença à accélérer. Griffon ne dit plus rien, sans doute résigné.

– Je connais ce coin de banlieue, fit Dallant depuis la banquette arrière (Anne Baroux, plus efficace à dénicher l'aiguille dans une botte de foin qu'à affronter la violence d'une situation de terrain périlleuse, était restée rue de Lutèce). On gagnera du temps si tu coupes par la prochaine à droite. Après, tu longes le terrain vague et tu prends à gauche. On y sera. Il y a à peine quatre ou cinq baraques dans la rue, très espacées. Celle qu'on cherche, a priori, c'est la dernière avant un gros rond-point. Capté ?

– Ça marche pour moi.

Alex rétrograda dans un hurlement de moteur pour tourner à droite, puis il enfonça de nouveau le champignon jusqu'au plancher...

La maison plutôt délabrée affichait volets clos. Ceux de l'une des fenêtres de l'étage laissaient filtrer de la lumière.

1. Voir *En mai, je fais ce qu'il te plaît*, Police des Mœurs n° 167.

– Elle est là, je le sens, murmura Gribovitch en s'activant du rossignol dans une serrure rouillée, encadré par Griffon et Dallant, arme au poing.

Il poussa le battant avec mille précautions, pour éviter les grincements.

Tout au fond de la pénombre du couloir, un escalier...

– À trois, chuchota Griffon. Un, deux...

Poing gauche soudé à la poignée, Gribovitch l'actionna d'un coup et se rua dans la pièce.

Roulé-boulé, rétablissement, arrêt sur image...

Un cadavre de fille décapité, sur le matelas ensanglanté.

À l'écart du lit, Édith Ollivier, entièrement nue, tient Sophie agenouillée par les cheveux, nue elle aussi, souillée de sang comme elle. Son autre main brandit un sabre japonais, sur le point de trancher la gorge tendue.

Face à elles, à deux mètres, dans le même appareil, également maculé de sang, Louis Brochard filme la scène à l'aide d'un caméscope, un gros automatique dans la main gauche...

Profitant du dixième de seconde offert par l'effet de surprise, Sophie se laissa glisser de tout son poids vers le sol.

Elle y laissa une poignée de cheveux.

Brochard s'était retourné, médusé. Le temps qu'il lâche sa caméra et qu'il change son flingue de main, Griffon et Dallant le fauchèrent d'une grosse demi-douzaine de projectiles, dont deux en pleine tête.

Alex alluma la détective aux jambes, tandis qu'elle se ruait sur lui en hurlant, sabre au clair.

Pas question de la tuer. Il voulait savoir.

Elle s'effondra en braillant sa furie et sa douleur mêlées.

Sophie, poignets liés dans le dos, se jeta dans les bras de son coéquipier. Elle tremblait de partout.

Ses sanglots étaient ceux d'une enfant battue.

CHAPITRE LI

Assis face à Édith Ollivier, dans son propre bureau de la rue de Lutèce, Gribovitch alluma une Gitane blonde et en cracha la fumée au visage de la jeune femme.

– Excuse les mauvaises manières, fit-il. Une façon de me calmer les nerfs pour m'empêcher de te foutre mon poing dans la gueule.

La détective esquissa un rictus qui n'avait plus rien de sibyllin : elle était défigurée par la haine. Son corps nu drapé d'un simple plaid qui dévoilait ses seins maculés de sang séché, menotté à la tubulure du bureau, un bandage sommaire à sa jambe blessée, elle avait perdu toute prestance.

– Quand avez-vous découvert que Florence Ney et moi n'étions qu'une seule et même personne ? s'enquit-elle d'un ton soudain perclus de lassitude, du moins en apparence.

– C'est moi qui en ai eu l'intuition. Peu importe le

moment. Quelques recherches avisées d'Anne Baroux, sur ton passé bordelais, ont confirmé mes soupçons. À l'époque, Brochard était négociant en vins dans la région, et il fréquentait la même coterie que tes parents. Ta passion d'alors pour le théâtre amateur et pour les bidouillages informatiques ont fait le joint.

– Quand ? insista la jeune femme.

– Le scénario était parfaitement huilé, compliqué comme la vraie vie, avec tous les détails superflus qui renforcent la crédibilité, mais tu as commis des erreurs : cet assureur à qui tu avais soi-disant soutiré trois invitations pour la soirée était un membre répertorié de l'ECIJ. S'il était également l'un de tes clients, tu aurais dû *déjà* nous parler de lui quand Anne Baroux nous a fait son topo sur l'association, à l'occasion du briefing auquel on t'a laissée participer. Ce qui nous amène à la seconde faute : cette planque dans le XIIIe que tu as louée sous ton vrai nom, soi-disant occupée par une certaine Adeline Delteil, et où tu as laissé le premier ensemble cuir et un faux passeport avec ta binette. Un peu léger, non ?

Nouveau rictus d'Édith Ollivier.

– Pauvres cons que vous êtes tous. Vous n'avez donc rien compris. Moi et Brochard, on *voulait* que vous découvriez qui était vraiment Florence Ney. C'était le meilleur moyen pour que l'un de vous honore l'invitation en espérant comprendre pourquoi je vous roulais dans la farine, tandis que l'autre restait dehors en cas de pépin. Maîtriser un flic aguerri, c'est faisable. Deux de front, c'est moins sûr. Un seul nous suffisait. Que ce soit toi ou Sophie n'avait aucune importance. Quant aux autres membres de l'ECIJ qui ont marché dans la combine comme les crétins zombifiés qu'ils sont tous, on n'avait strictement rien à foutre de leur sort. Une fois tout terminé, Brochard et moi, on aurait pris le large et attendu la livraison de notre petit cadeau, qui n'aurait pas traîné, je peux te l'assurer.

– Quitte à te faire rabattre ton caquet, j'ai fini par saisir que tu te foutais d'être démasquée, et que vous l'aviez même prévu. Le déclic s'est produit cette nuit, quand je ressortais de ma seconde visite chez « Adeline Delteil ». Mais tout ça nous amène au nœud de l'histoire. Pourquoi une telle mise en scène, peaufinée depuis des années et échelonnée sur plusieurs mois pour sa mise en œuvre ? Pour quel bénéfice ?

– Brochard est mort. Je suis la seule à pouvoir t'éclairer. Si j'en ai envie...

– Vu le massacre, tu vas prendre perpète, Édith, avec vingt-deux ans incompressibles. Tu es trop imbue de toi-même pour plonger sans au moins te faire mousser l'orgueil avec la révélation de tes mobiles.

– Je n'irai jamais aux assises.

– En quel honneur ?

– Parce que si vous avez gagné la dernière bataille, il n'empêche que Sophie s'est... disons, pas mal fourvoyée dans cette guerre. Imagine que je raconte au procès qu'une fliquette d'un service très spécial s'est laissé embringuer dans une partouze organisée par une secte sanguinaire, jusqu'à décapiter au sabre le cadavre d'une fille de dix-huit ans, le tout filmé en long et en large. D'accord, elle n'était pas franchement libre de ses actes, mais les images sont là. Et ça peut faire des dégâts considérables dans l'opinion, des images pareilles. Le juge demandera à les voir. Si d'ici là vous les avez détruites, il suffira que je lui donne les références d'un site internet où elles ont été stockées dès la prise de vues. Tu peux soumettre le caméscope à un spécialiste, si tu ne me crois pas. Il te confirmera que l'appareil est doté d'un système wi-fi qui balance automatiquement tout ce qui est filmé sur le web dès lors qu'il y a une borne réceptrice dans les parages. Or j'en avais installé une au club, et une autre dans la baraque pourrie. Je suis la reine du bidouillage informatique, ne l'oublie pas, et je ne me contente pas de transformer des machines à maigrir en godemichés mortels. Mais tu ne m'as pas encore dit comment tu as découvert où était séquestrée Sophie. Ça te fait bander, de me faire lanterner ? C'est ça ?

– Une velléité de coup de fil d'une certaine Renée Lavigne à l'une de ses copines, quelques jours après sa disparition. Un détail passé quasi inaperçu à l'époque, mais qu'Anne Baroux a réactualisé. Première véritable erreur, donc, puisque les autres n'en étaient pas. Mais elle est double : on ne laisse pas une ligne fixe en service quand on n'est pas capable de veiller à la docilité des jeunes recrues, et on n'enferme pas ses proies dans une baraque dont la propriétaire porte le même patronyme que l'un de vos adhérents. Il n'est jamais bon de mêler famille et affaires.

– Pourquoi parles-tu d'affaires ?

– Parce que je viens de comprendre l'unique mobile : le fric, tout simplement. Une somme colossale, forcément. Votre plan visait à une seule chose : compromettre un agent d'un service peu porté sur les méthodes avouables. Or cette affaire de rabattage de victimes par le truchement du site web des Impôts ne pouvait en aucun cas être confiée à des flics ordinaires. Une fois Sophie éliminée, vous auriez monnayé l'enregistrement vidéo, et l'État aurait craché, sans aucun doute. C'était bien pensé, je dois l'avouer.

– Et c'est justement ce qui fait qu'il n'y aura pas de procès, insista Édith. À défaut de fortune, j'y gagnerai ma liberté et un aller simple pour aller me faire foutre n'importe où ailleurs que dans ce pays.

– Ça, ce n'est plus de mon ressort, conclut Gribovitch. Excuse-moi de t'abandonner, tu me donnes trop envie de gerber. Le boss va me relayer, et je préfère être à ma place qu'à la sienne...

Alors qu'il sortait de son bureau pour gagner celui de Griffon, probablement endormi en attendant les résultats du premier interrogatoire, Alex tira son portable de la poche de son blouson pour prendre des nouvelles de Sophie, qu'Anne Baroux avait raccompagnée rue Bernache.

Il appela le numéro de fixe, vu que sa coéquipière avait perdu son portable en cours de calvaire.

– Ça va, toi ? s'enquit-il.

– Comme quelqu'un qui se prépare à vivre un nombre incalculable de nuits de cauchemars. Tu sais quoi ?

– Dis toujours.

– Anne est allée m'acheter la presse du matin. Tiens-toi bien.

– Je suis accroché à ta voix.

– Eh bien c'est pas grave du tout, si on ne retrouve pas ma cape. Figure-toi que la marque Édépée vient de faire l'objet d'une plainte : une association de consommateurs a fait analyser les fibres de leur tissu exclusif. Toxique à 100 %, un peu comme l'amiante. D'après ce que j'ai compris, c'est le produit d'imperméabilisation qui est en cause. Tu te rends compte à quoi j'ai échappé ? Un putain de cancer de la plèvre ou quelque chose comme ça. Bon, excuse-moi : Anne tient absolument à ce que j'avale un deuxième petit dèje avant de me mettre au pieu. Elle prétend que le ventre plein, on dort beaucoup mieux.

Gribovitch raccrocha et alluma une Gitane blonde. Il se sourit à lui-même : Sophie avait déjà commencé à remonter la pente.

À propos de petit-déjeuner...

Son estomac criait famine.

Mais d'abord réveiller Griffon, pour lui faire cadeau du casse-tête le plus foireux de toute sa carrière.

Achevé d'imprimer sur les presses de

BUSSIÈRE

GROUPE CPI

à Saint-Amand-Montrond (Cher)
en novembre 2005

VAUVENARGUES - 14, rue Léonce Reynaud - 75116 Paris
Tél. : 01-40-70-95-57

— N° d'imp. 52720. —
Dépôt légal : novembre 2005.

Imprimé en France